MARCO POLO

GARDASEE

Reisen mit **Insider Tipps**

W0346212

Die Vielseitigkeit der Landschaft ist sehr reizvoll. Am liebsten fahre ich gemächlich in einer guten Woche einmal um den See herum und lasse den unterschiedlichen Charakter der Orte auf mich wirken.

MARCO POLO Autorin
Barbara Schaefer

(siehe S. 134)

GARDASEE

> SYMBOLE

Insider Tipp **MARCO POLO INSIDER-TIPPS**
Von unserer Autorin für Sie entdeckt

★ **MARCO POLO HIGHLIGHTS**
Alles, was Sie am Gardasee kennen sollten

SCHÖNE AUSSICHT

WLAN-HOTSPOT

▶▶ **HIER TRIFFT SICH DIE SZENE**

> PREISKATEGORIEN

HOTELS

€€€ über 120 Euro
€€ 80–120 Euro
€ bis 80 Euro

Die Preise gelten für zwei Personen im DZ mit Frühstück in der Zwischensaison

RESTAURANTS

€€€ über 35 Euro
€€ 25–35 Euro
€ bis 25 Euro

Die Preise gelten pro Person für ein Menü mit Vorspeise, Hauptgericht sowie einem Getränk

> KARTEN

[122 A1] Seitenzahlen und Koordinaten für den Reiseatlas Gardasee

[0] außerhalb des Kartenausschnitts

Karten von Bardolino, Riva del Garda, Salò und Sirmione finden Sie im hinteren Umschlag

Zu Ihrer Orientierung sind auch die Orte mit Koordinaten versehen, die nicht im Reiseatlas eingetragen sind

INHALT

> SZENE

S. 12–15: Trends, Entdeckungen, Hotspots! Was wann wo am Gardasee los ist, verrät der MARCO POLO Szeneautor vor Ort

> 24 STUNDEN

S. 100/101: Action pur und einmalige Erlebnisse in 24 Stunden! MARCO POLO hat für Sie einen außergewöhnlichen Tag am Gardasee zusammengestellt

> LOW BUDGET

Viel erleben für wenig Geld! Wo Sie zu kleinen Preisen etwas Besonderes genießen und tolle Schnäppchen machen können:

Jazzkonzerte umsonst S. 37 | Zahlreiche Vergünstigungen mit der kostenlosen Riviera Card S. 53 | Eintritt frei bei der Freiluftdisko S. 76 | Günstig shoppen im Outlet Village S. 90

> GUT ZU WISSEN

Was war wann? S. 10 | Spezialitäten S. 26 | Blogs & Podcasts S. 39 | Bücher & Filme S. 86 | www.marcopolo.de S. 110 | Was kostet wie viel? S. 111 | Wetter in Riva S. 114

AUF DEM TITEL

Torbole: Surf-Hotspot und Party-Meile S. 15
Römische Villa in Sirmione S. 74

ENTDECKEN SIE DEN GARDASEE!

Unsere Top 15 führen Sie an die traumhaftesten Orte und zu den spannendsten Sehenswürdigkeiten

Die Highlights sind in der Karte auf dem hinteren Umschlag eingetragen

1 Funivia und Seggiovia Monte Baldo
Der Blick aus den Kabinen der Panoramaseilbahn und vom 2000 m hohen Gipfel ist umwerfend (Seite 38)

2 Spiaggia Sabbioni
Der Strand in Riva ist so groß, dass er nicht einmal während der Hochsaison im August überlaufen ist (Seite 42)

3 Cascata del Varone
Ein schöner Nachmittagsausflug führt zu dem Wasserfall – ein eindrucksvolles Naturschauspiel (Seite 43)

4 Piazza Giacomo Matteotti
Auch aus den kleineren Nachbarorten strömt das Volk abends herbei, um auf Bardolinos Hauptplatz, der bis zum See hinabreicht, zu flanieren (Seite 50)

5 Punta San Vigilio
Das edelste Eckchen des Sees liegt bei Garda; zum Luxushotel gehört auch eine Bar am Privathafen mit nicht ganz so horrenden Preisen für Normalverdiener (Seite 58)

6 Arena di Verona
Auch wer sonst nichts mit der Oper am Hut hat: Das Freiluftspektakel in Veronas römischer Arena sollten Sie sich unbedingt einmal ansehen, wenn Sie zur Festspielzeit unterwegs sind: tolles Ambiente und italienische Lebensfreude pur! (Seite 63)

7 Grotte di Catullo
In den römischen Ausgrabungen von Sirmione lässt es sich auch herrlich spazieren gehen (Seite 74)

> DIE BESTEN MARCO POLO HIGHLIGHTS

8 Scaligerkastell Sirmione
Vom zinnenbewehrten Turm der Wasserburg in Sirmione schauen Sie über die Dächer der Altstadt (Seite 75)

9 Lido delle Bionde
Wahrlich nicht nur Blondinen – „le bionde" – fühlen sich an diesem Strand in Sirmione wohl (Seite 77)

10 Vittoriale degli Italiani
Park, Mausoleum und Wohnhaus des Dichters D'Annunzio: ein skurriles Kuriositätenkabinett (Seite 81)

11 Sant'Andrea Apostolo
Die wunderschöne romanische Kirche in Maderno bezeugt, dass die Anwohner des Sees schon früh Sinn für Kunst hatten (Seite 84)

12 Parco Fontanella
An diesem großen Strand in Gargnano am Westufer herrscht Freibadatmosphäre (Seite 87)

13 Schauderterrassen
Kaffee mit Aussicht: Für den Cappuccino auf diesen Restaurantterrassen in Pieve sollten Sie besser schwindelfrei sein (Seite 88)

14 Uferpromenade Salò
Die Ruhe genießen – Salò besitzt die längste autofreie Uferpromenade am See (Seite 89)

15 Markt in Salò
Am Südufer in Salò schlägt samstags ein großer Wochenmarkt seine Stände auf (Seite 90)

Gargnano am Westufer

AUFTAKT

Der Gardasee überrascht. Ist man eben noch durch die Alpen gefahren, sah Tannen und Kühe, streicht nun eine leichte Brise durch Palmen. Das mediterrane Klima lädt vor allem im Frühjahr ein, wenn nördlich der Alpen milde Temperaturen nur ein Wunschtraum sind. Dann kann man hier schon an der Mole sitzen, die Beine baumeln lassen mit einem Eis in der Hand, auf dem Surfbrett über den See gleiten, unter Olivenbäumen frischen Fisch aus dem See essen, durch römische Ausgrabungen spazieren oder mit dem Mountainbike rasante Abfahrten genießen – oder auch einfach nur beim Cappuccino in einem Straßencafé dem Glitzern des Wassers zusehen.

> Es gibt wohl nicht viele Seen, die so viele unterschiedliche Gesichter und damit für so viele verschiedene Ansprüche das passende Urlaubsangebot haben. Wer Ruhe sucht und bei der Lektüre der Zeitung oder eines Buchs nicht viel mehr hören möchte als das Klack, Klack von Segelbespannungen im Wind und dazu ein tiefes Dong, Dong beim Aneinanderstoßen von Booten, der ist in Gargnano gut aufgehoben: In der Mitte des Westufers wohnt die Ruhe. Noble Hotels haben an diesem Uferabschnitt Tradition. Ende des 19. Jhs. erkannte der Deutsche Louis Wimmer den Reiz des Gardasees und baute das erste Grandhotel in Gardone, weitere folgten. Ein etwas altväterischer, gediegener Tourismus ist bis heute dort zu Hause.

Dagegen fühlt sich in Bardolino und Garda wohl, wer abends lange unter Menschen sein möchte. In den Gassen der Altstädte ist es dann fast voller als tagsüber, und bis Mitternacht sieht man sogar noch kleine, blonde Kinder mit einer Eistüte in der Hand. Junge Erwachsene werden das Südufer anlaufen, wenn sie auf richtiges Nightlife stehen. In der Umgebung von Desenzano locken einige der größten Diskotheken Italiens.

> In der Mitte des Westufers wohnt die Ruhe

Wer es im Urlaub sportlich liebt, wird in den Norden fahren; das dortige Ufer und die steilen Täler und wilden Bäche des Trentino scheinen manchmal ein einziger großer Abenteuerspielplatz zu sein. Hier haben das Kajakfahren sowie Schwimmen, Surfen, Segeln Tradition. Nun ist noch das Rafting hinzugekommen. Wem all das nicht reicht, versucht es vielleicht gar mit Canyoning. In Neoprenanzüge verpackt und mit Helm und Schwimmweste versehen, stürzen sich Abenteuersportler in Schluchten

Im La Montanara in einer Altstadtgasse von Riva serviert man rustikale Trentiner Küche

hinab – unter professioneller Leitung, hoffentlich. Sogar das Tauchen hat Saison am See: Mit Glück – oder einem Führer – stößt man auf versunkene Galeeren aus der Zeit der venezianischen Herrschaft.

Mountainbiker und Wanderer zieht es an die Berghänge; wo sie nicht mehr weiterkommen, hängen Sportkletterer an senkrechten Wänden, zum Teil sogar direkt über dem See. An Sommerwochenenden veranstalten die Fremdenverkehrsämter der Olivenriviera Ausflüge und geführte Touren auf den Monte Baldo. Es gibt botanische Exkursionen, Touren zu kirchlichen Festen und Vollmondwanderungen. Und auf dem See ficht die Armada der Windsurfer ihre Kämpfe gegen den oder mit dem Wind – vom Ufer aus lässt sich das nicht immer so einfach unterscheiden. Die steilen Berge wirken wie eine Düse, durch die die Winde regelmäßig pusten.

Dass der Gardasee so viele Möglichkeiten zu körperlicher Betätigung bietet, hat noch einen weiteren Vorteil: Man kann abends riesige Mengen von Pasta vertilgen, schließlich hat man einige Kalorien abgearbeitet. Das ist ein Glück, denn am Gardasee essen Sie vorzüglich (wenn Sie allzu touristische Lokale, oft direkt am Hafen gelegen, meiden) – sei es ein aufwendiges Menü in einem der Feinschmeckerlokale in Salò oder schlicht eine Gardaseeforelle vom Grill.

> *Die Köche besinnen sich wieder auf ihre Wurzeln*

Auch wenn die Touristenscharen am Gardasee nicht weniger werden, die Küche wird besser. Mag sein, dass sich wieder mehr Köche und Köchinnen auf ihre Wurzeln, also die Gerichte der *mamma,* besinnen. Sicher ist aber auch, dass die Nachfrage das Angebot verändert hat. Immer mehr deutschsprachige Urlauber verlangen eine genuine Küche, alte Gardaseerezepte und frische Zutaten. Ähnliches gilt für den Wein: Kauften Urlauber vor 20 Jahren noch große, billige Korbflaschen, wird nun nach Qualität gefragt. So erfreut sich die Strada del Vino im Hinterland von Bardolino großer Beliebtheit.

Auch am anderen Ufer, von Gargnano in Richtung Norden, ist noch zu sehen, wie am Gardasee Geld verdient wurde, bevor die Touristen kamen: In *limonaie* wurden Zitronen gehegt. Meistens reichten die kargen Einkünfte aus Landwirtschaft oder

WAS WAR WANN?

Geschichtstabelle

Ab 2000 v. Chr. Kelten, Rätier und Veneter besiedeln das Gardaseegebiet

15 v. Chr. Die Römer kommen an den See und nennen ihn Benacus

9./10. Jh. Karolingische Kaiser und Könige sowie einheimische Fürsten kämpfen um die Macht in Oberitalien

1260–1387 Die Familie der Scaliger herrscht in und um Verona

1387–1405 Die Mailänder Familie Visconti herrscht über das Gardaseegebiet

1405–1797 Die Venezianer übernehmen die Herrschaft über das Ostufer

1797 Das westliche Gardaseeufer fällt an Napoleons Cisalpine Republik, Österreich bekommt das Ostufer und Verona

1814/15 Nach dem Sturz Napoleons spricht der Wiener Kongress die Lombardei und Venetien Österreich zu

1821–1861 Zeit des Risorgimento, der Bewegung für ein einiges Italien. 1861 wird Italien ein souveräner Staat

1919 Nach dem Ersten Weltkrieg kommen Südtirol und Trentino zu Italien, der Gardasee ist nun rein italienisch

1943–1945 Republik von Salò: Der faschistische Diktator Benito Mussolini zieht sich an den See zurück

1946 Italien wird durch Volksabstimmung Republik, der König geht ins Exil

1962 Die Seilbahn auf den Monte Baldo wird eröffnet

2008 Die spektakuläre Anfangsszene des James-Bond-Films „Ein Quantum Trost“ wird am Nordufer des Gardasees gedreht. Dabei versinkt bei einem Unfall, der nicht Teil des Drehbuchs ist, der Aston Martin im See

Fischerei nicht aus, die Familie zu ernähren. Im 19. Jh. wanderten viele Bewohner der Gardaseeorte aus, versuchten ihr Glück in Amerika. Vor Beginn des Tourismus war das Gardaseegebiet ein armer Landstrich, das Leben war einfach und hart. In den Kastanien- und Pinienwäldern oberhalb von Gargnano gingen die Männer der archaischen Arbeit des Köhlens nach, die Frauen arbeiteten vom frühen Morgen bis in die Nacht auf handtuchschmalen Feldern.

Künstler zog es schon immer an den Gardasee, vor allem Schriftsteller. Um die Wende zum 20. Jh. zog das k. u. k. Städtchen Riva manche Geistesgröße an; Friedrich Nietzsche und Thomas Mann zählten zu den Gästen, Franz Kafka war 1917 in Riva.

Vielleicht hielten schon die früheren illustren Gäste nach Kunstschätzen Ausschau – wie auch heutige Besucher. Die romanischen Kirchen Bardolinos, San Zeno und San Severo, sind wahre Kleinode; Sant'Andrea in Maderno steht ihnen in nichts nach. Weitere Kunstwerke findet man bei Kurzausflügen, sei es bei einem Besuch Trentos mit seinem reizenden Domplatz oder auf einer Tour zur römischen Arena von Verona. Reste und Ruinen römischer Besiedlung finden sich auch am Gardasee zuhauf. Am bekanntesten sind die sogenannten Grotten des Catull, eine ehemalige Villa, in Sirmione.

Doch Sie müssen gar nicht speziell Kunstwerke und Sehenswürdigkeiten ansteuern, um die Atmosphäre der Gardaseeorte zu genießen. Erstaunlich gut erhalten sind die Ortskerne, Sie schlendern in den Altstadtgassen durch traditionsreiche Baustruktur.

> *Erstaunlich gut erhalten sind die Ortskerne*

Das Leben am See ist heute praktisch durchweg vom Tourismus bestimmt. Denn nicht nur die direkt vom Urlauberstrom Betroffenen wie Hoteliers und Restaurantbesitzer und alle in Gastronomie und Hotellerie Beschäftigten verdienen an den Fremden, sondern natürlich auch der Obstverkäufer mit seinem Marktstand, der Handwerker, der Ferienwohnungen umbaut, der Gardaseefischer, der Trattorien beliefert, der Almbauer, der seinen Käse anbietet, und sogar der einsame Trüffelsucher.

Doch trotz der starken Konzentration auf den Tourismus müssen Sie nicht befürchten, als Urlauber abgezockt zu werden. Sehr freundlich bekommt man in den Tourismusbüros die Fragen nach Busfahrplänen und Bootsverleihern, Bademöglichkeiten und Bikecentern beantwortet; in manchen Hotels wird man begrüßt, als käme man schon seit Jahren in dieses Haus, und abends im Restaurant kann es durchaus sein, dass die Bedienung ein italienisches Liedchen trällert. Der Gardasee liebt seine Besucher – und umgekehrt.

Am Strand von Torbole am Nordufer trifft sich vor allem die Jugend

TREND GUIDE GARDASEE

Die heißesten Entdeckungen und Hotspots! Unser Szene-Scout zeigt Ihnen, was angesagt ist

Stefan Fuhrmann
pendelte jahrelang zwischen Maui, München und Gardasee, immer auf der Suche nach dem perfekten Platz, der Wassersport, Berge und Kultur gleichzeitig bietet. Fündig wurde er am Lago di Garda und lebt nun seit mehreren Jahren dort. Aus Hawaii brachte er das Kitesurfen mit und betreibt seitdem die erste Kiteschule des Gardasees in Brenzone.

ROADMOVIE

Mit Oldtimern auf Reisen

Das Verdeck gleitet geschmeidig nach hinten, der Autoschlüssel wiegt schwer in der Hand, der Motor gibt einen satten Sound von sich ... Gänsehaut bekommen? Dann kommt der neueste, alte Trend am Gardasee gerade richtig: Oldtimer fahren! PS und Geschwindigkeit rücken in den Hintergrund, Cruisen ist das Stichwort. Wenn das bekannteste Oldtimerrennen der Welt, die *Mille Miglia (www.1000miglia.eu)*, am Gardasee vorbeiführt, verwandelt sich die Region in ein rollendes Museum. Beim Rennen ist die Platzierung eher zweitrangig: Die Landschaft und die Oldtimer stehen für Teilnehmer und Zuschauer im Mittelpunkt. Weniger bekannt – aber nicht weniger sehenswert – ist die *Trentino Classics-Tour (www.adac.de)*. Wer selbst fahren will, mietet sich einen Alfa Romeo Spide oder Fiat 500 bei *Slow Drive (Padenghe sul Garda, www.gardaclassic.com*, Foto*)*. Sonnenbrille auf und losdüsen – mehr Italienflair geht nicht. Perfekt: Die passenden Tourvorschläge mit Zwischenstopps liefert Slow Drive gleich mit.

SZENE

LUXUS AM WESTUFER

Die moderne Art, sich zu entspannen

Style rund um den Gardasee: Nun schwappt auch die Designwelle ans Westufer. Clubs, die eine Kombi aus Restaurant, Beach- und Nightlifeclub sind, überzeugen und locken VIPs an. Glamour pur erleben die Gäste vom *Torre San Marco (Corso Zanardelli 132, Gardone, www.torresanmarco.it,* Foto*),* wenn sie mit einem Boot direkt am Eingang anlegen, an einem der edel gedeckten Tische Platz nehmen und nach dem Menü in den Loungesofas versinken. In Desenzano verspricht das *Sesto Senso (Via Tommaso Dal Molin 99, www.sestosenso.it)* einen unvergesslichen Abend. Gourmets nehmen das Dinner auf durchsichtigen Stühlen zu sich und entspannen danach auf weißen Ledersofas. Der neue *Coco Beach Club (Via Catullo 5, Lido di Lonato, www.cocobeachclub.net)* lädt den ganzen Tag zum Feiern und Chillen ein.

CRAZY FESTIVALS

Was zählt, ist Unterhaltung

Je außergewöhnlicher das Festival, desto beliebter. Am Gardasee kommen Fans von Ungewöhnlichem voll auf ihre Kosten. Ganz neu und bisher einzigartig: Im Herbst kommen die Blogger in Riva del Garda zusammen und feiern das *Blog Festival (www.blogfest.it)* im historischen Zentrum der Stadt. Auf den Plätzen und in den Gassen dreht sich dann alles um das World Wide Web. Das Programm des dreitägigen Festivals reicht von Debatten über Konzerte und Preisverleihungen bis zu gemeinsamen Spielen. Beim *Tortellini-Fest (Anmeldungen unter www.valeggio.com)* in Valeggio sul Mincio ehrt man die Nudel. Einmal im Jahr wird die mittelalterliche Viscontibrücke zum Freiluftrestaurant. Hungrige dürfen sich dann über 600 000 handgemachte Tortellini freuen. Zeitgenössische Kunst ist das Thema des *Drodesera Fies Festivals (Centrale Fies, Dro, www.centralefies.it,* Foto*):* In einem Wasserkraftwerk finden jeden Sommer Kunstperformances statt.

SCHICK & STYLISH

Neue Hotelkonzepte

Die typischen Bruchsteinhäuser bekommen schicke Konkurrenz. Hotels kombinieren ländlichen Charme mit Großstadtflair. Schlichte Eleganz empfängt die Gäste im *Art & Design Hotel Europa (Via Gardesana 173, Malcesine, www.europa-hotel.net).* Das Hotel *Club da Baia (Via 20 Settembre 44, Brenzone, www.clubdabaia.com)* hält eine Überraschung bereit: Wer die mittelalterliche Burg betritt, wird kaum glauben, dass im Inneren die alles beherrschende Farbe Weiß ist. Im Gegensatz dazu steht das *Color Hotel (Via Santa Cristina 5, Bardolino, www.color-hotel.com,* Foto*).* Moderne Farbkombis sollen ein einzigartiges Raumgefühl schaffen.

GRÜNE WEINBERGE

Bioweine erobern das Hinterland

Frischer Wind im traditionsbewussten Weinanbau: Eine Vielzahl junger Winzer setzt auf Bioqualität. Vor allem auf den Weinbergen am Ostufer des Sees wird nach ökologischen Richtlinien angebaut. Carlo Nerozzi produziert u. a. einen Valpolicella in Bioqualität *(Le Vigne di San Pietro, Via San Pietro 23, Sommacampagna, www.levignedisanpietro.it).* Auch den Bardolino gibt es in der Bioversion. Der von der *Cantina di Custoza (Ortsteil Staffalo1, Custoza, www.cantinadicustoza.it)* ist preisgekrönt. *Gardenali (Via XXV Aprile 8, Volta Mantovana, www.gardenali.net)* baut Bioobst an, u. a. Trauben zur Weinherstellung.

SCHÖNHEIT AUS DER NATUR

Spa-Anwendungen

Rosmarin, Kokos und Limone sind nicht die Zutaten für den neuesten Gesundheitsdrink, sondern die Erfolg versprechenden Ingredienzien für Beautyprodukte. Im Aqua Spa des *Grand Hotels Fasano (Corso Zanardelli 190, Gardone Riviera, www.ghf.it,* Foto*)* verspricht der Rosemary Mint Awakening Body Wrap Verjüngung. Gesicht, Hände und Füße werden im Spa des Boutiquehotels *Ai Capitani (Via Castelletto 2/4, Peschiera del Garda, www.aicapitani.com)* mit Kokosnussöl und Kräutern verwöhnt. Im *Centro Tao* im *Park Hotel Imperial (Via Tamas 10 b, Limone, www.centrotao.com)* schwört man auf Blütenblätter und Limonenöl.

PARTY ON

Torbole lebt

Welche Stadt fällt einem bei den Stichworten Gardasee und Surfen ein? Ganz klar: Torbole. Umgeben von Wasser und Felsen, lockt der kleine Ort jedoch nicht nur die Surfelite an, sondern auch das internationale Partyvolk. Vor allem während des jährlichen Surffestivals *(www.circolosurftorbole.com)* gibt sich die Feiergemeinde die Ehre. Aber auch sonst avancieren die Bars der Stadt zu Nightlifehotspots. Zum Warm-up geht es ins *Moby Dick (Via Matteotti 60)*. Laute Musik und erfrischende Drinks warten danach in der *Wind's Bar (www.windsbar.com*, Foto*)*. Je später der Abend, desto größer die Schar, die zum Abschluss ins *Cutty Sark Pub (Piazza Vittorio Veneto, www.cuttysark.it)* pilgert.

SNOWKITEN

Winter am Gardasee

Schnee und Wetter gut! Kaum zu glauben, aber am Gardasee entwickelt sich eine lebendige Wintersportszene. Kiter, die während der Sommermonate noch auf dem See zu finden sind, stellen sich im Winter aufs Snowboard, nehmen ihren Kitedrachen in die Hand und erobern den Monte Baldo. Nicht unschuldig daran ist die besondere Thermik, die während der Wintermonate herrscht. Mathias Pfeiffer von *Waterproof (Piazza Ferrari 1, Brenzone, www.gardakiteboarding.de* und *www.waterproof.net*, Foto*)* zeigt Anfängern und Könnern die besten Tricks. Die Pulverschneepisten können Wintersportler auch mit den Snowboards der *Scuola Sci Malcesine (Tratto Spino, Malcesine)* erobern.

> VON ALPENVEILCHEN BIS ZUGVÖGEL

Notizen zur Natur und zum Wind, zur Sprache und zur Politik

APOLIPOPROTEIN-A-1-MAILAND-GEN

In Limone wachsen nicht nur schöne Zitronen, hier gibt es auch ein medizinisches Phänomen: das Apolipoprotein-A-1-Mailand-Gen. Dieses Protein beugt Arterienverkalkung und Herzinfarkt vor. Aufgrund einer gutartigen Mutation sind die Träger des Gens vor bedrohlichen Ablagerungen in ihren Blutgefäßen geschützt. Doch das Protein, das von einem Mailänder Professor bei einem Einwohner von Limone entdeckt wurde, wurde nur im Blut einer Familie festgestellt – es wird seit Generationen weitervererbt. Unlängst ist es gelungen, das Apolipoprotein künstlich herzustellen. 2003 wurde es 47 Patienten mit schwerer Arteriosklerose verabreicht – binnen Wochen gingen die Ablagerungen in den Gefäßen um vier Prozent zurück.

Bild: Grotten des Catull in Sirmione

STICH WORTE

AUSGRABUNGEN

Natürlich logierten auch die Römer schon am Gardasee, auch wenn der See damals noch Benacus hieß. Immer wieder werden bei Bauarbeiten römische Grundmauern gefunden. Die bekannteste und größte Ausgrabungsstätte sind die sogenannten Grotten des Catull in Sirmione. Der römische Dichter Gaius Valerius Catull lebte einige Zeit auf Sirmione: „O du, der Inseln und Halbinseln Augenstern“ dichtete er, aber vermutlich nicht an der nach ihm benannten Stelle. Ebenfalls am Südufer, in Desenzano, kann man ein schönes römisches Bodenmosaik bewundern. Im Norden des Sees, bei Riva, gefiel es den Römern so gut, dass sie einen Kultplatz errichteten. Und erst unlängst stießen Bauarbeiter am Friedhof von Castelletto auf die Reste einer römischen Villa. Dabei soll es sich um einen Bau aus dem 5. Jh. n. Chr. handeln. Der Fund soll der bedeutendste seiner Art im gesamten Veroneser Gardaseegebiet, wenn nicht in ganz Venetien sein.

FAUNA

Wasservögel mögen den See nicht besonders, zu wenig Uferraum wurde ihnen zum Brüten und Verstecken gelassen, einige Möwen- und Entenarten flattern aber umher. Viele Zugvögel ziehen dagegen hier durch, was eine interessante Mischung von nordafrikanischen und nordeuropäischen Vögeln ergibt. Im Parco Alto Garda hat sich ein Goldadlerpärchen eingenistet, und auch Auerhähne sind dort zu beobachten. Ein echter Spezialist muss man sein, um die herrlichen Schmetterlinge auseinanderhalten zu können. 959 verschiedene Sorten wurden am See gezählt! Aber auch wer ihre Namen nicht kennt, wird sich an den bunten Faltern erfreuen können, wenn sie auf Lavendelbüschen sanft im Wind schaukeln. Urtümliche Lebewesen wie Feuersalamander und Smaragdeidechsen wird man vor allem beim Wandern entdecken – und vereinzelt auch die giftige Aspisviper und die Kreuzotter, festes Schuhwerk ist also angeraten! Sogar der Luchs ist zurückgekehrt an den Gardasee. Natürlich streift er nicht nachts durch die Gassen von Limone, aber in den Bergen oberhalb, im Parco Alto Garda, wurde das scheue Wildtier gesichtet.

FLORA

Die Nutzpflanzen bestimmen die Aura des Sees. Am nordwestlichen Ufer stehen die erwähnten, heute leider aufgegebenen Zitronenhaine, im Osten und im Süden wechseln sich sanfte Weinhügel mit Olivenhainen ab. Ein Dorado für Botaniker ist der Monte Baldo, der auch Garten Europas genannt wird. Da sein Gipfelkamm während der Eiszeiten über die Gletscher hinausragte, konnten sich

Kommen heute nicht mehr aus den *limonaie:* Zitronen für die *spremuta,* frisch gepressten Saft

Prächtige Olivenhaine prägen die Landschaft rund um den Gardasee

Pflanzen erhalten, die es sonst nirgends mehr gibt, so etwa die endemische Anemone baldensis. Etwas tiefer, im Schatten großer Steineichen und Buchen, wachsen wilde Alpenveilchen. Im Parco Alto Garda, der Hochebene von Tremosine also, findet man die einzige insektenfressende Spezies des Gebiets, die Pinguicula alpina. Auch rare Feuerlilien und die Orchideenart Frauenschuh wachsen hier. Am Seeufer selbst spaziert man in mediterraner Blütenpracht. In Maderno reihen sich am Ufer Oleanderbäume auf, Mimosen und Kamelien wachsen in den parkähnlichen Gärten von Gardone, Magnolien beschatten die Uferstraße von Desenzano, und an der schönen Promenade von Salò sitzen Sie sogar unter Palmen. Ganz zu schweigen von den Rosen, die rund um den See an Spalieren die Hauswände emporklettern und ihre Blütenkelche Spaziergängern zuneigen.

FRIEDENSPFAD

Das Gebiet um den Gardasee war immer wieder Schauplatz erbitterter Kämpfe, nicht nur zu Zeiten der Scaligerherrschaft: Im Ersten Weltkrieg verlief durch das Trentino die Front zwischen Italien und Österreich. Auf über 350 km folgt ihr heute der *Sentiero della Pace,* gekennzeichnet mit einer weißen Taube. Im Norden des Gardasees streift er das Gebiet, zum Beispiel am Monte Brione. Für die gesamte Wanderstrecke braucht man etwa 30 Tage.

INSELN

Auch wenn der Gardasee keine so berühmten Inseln vorweisen kann wie Lago Maggiore oder Ortasee, gibt es doch ein paar kleinere Inselchen. Die größte liegt in der Nähe von Salò: die *Isola del Garda* (*www.isoladelgarda.com*) mit der Villa Borghese. Seit ein paar Jahren erst kann sie besucht werden (Informationen hierzu bei Garda und Salò). Etwa 2 km südlich davon, in der Bucht von Manerba und San Felice, liegt die *Isola San Biagio* mit ihrer Nebeninsel *I Conigli* (Kanincheninsel). San Biagio ist ein beliebtes Ausflugsziel – bei niedrigem Wasserstand kann man zu Fuß vom Festland aus hingehen, mit den Badeutensilien in der Hand. Die *Isola Trimelone* liegt vor Assenza zwischen Porto di Brenzone und Malcesine; sie ist militärisches Sperrgebiet und darf nicht betreten werden – bis jetzt jedenfalls. Die Insel war ein Munitionsdepot, zurzeit werden über 5000 Bomben verschiedenster Größe geräumt. Da die Insel so lange Sperrgebiet war, wurde sie eine Oase für Zugvögel. Derzeit ist nicht geklärt, ob sie nach der Beseitigung der Sprengkörper touristisch genutzt werden soll.

SPRACHEN- UND NATIONENMIX

Der Gardasee kann sich über Besuchermangel nicht beklagen. Unüberhörbar stellen die Deutschen mit knapp 60 Prozent den weitaus größten Anteil der Ausländer, 40 Prozent aller Urlauber am Gardasee – Italiener eingeschlossen – sind Deutsche. Sie reisen bevorzugt an das Nord- und das Ostufer von Riva bis Peschiera. Die Holländer lieben das West- und das Ostufer, die Engländer den Abschnitt von Salò bis Riva, und die Italiener fahren am liebsten in die Gegend um Gardone und Salò. Auch ohne ein Wort Italienisch kommen deutschsprachige Urlauber am Gardasee zurecht und bekommen ihr gewünschtes Abendessen. Auch holländische Besucher müssen sich nicht unbedingt mit Italienisch abmühen, viele Kellner sprechen auch diese Sprache – ganz zu schweigen von den vielen Gastarbeitern am See: Bayern als Surflehrer, Engländer als Discjockeys, Holländerinnen als Barmädchen. Auch die Dialekte werden noch von vielen jungen Leuten gepflegt. Vielleicht kann man nur noch in der Sprache eine Heimat finden, wenn die Gassen und Orte jahrein, jahraus von Fremden bevölkert sind.

VERGNÜGUNGS-PARKS

Italiener lieben sie: riesige Ferienparks, wie sie in der Umgebung von

Workout im Wasser: Die Wellnesswelle hat die Vergnügungsparks erreicht

Peschiera zu finden sind. Doch in den letzten Jahren gab es Kritik, vor allem nach dem Tod von zwei Delphinen in Gardaland. Während die Direktion von einem natürlichen Tod spricht, beschuldigte ein Dresseur die Leitung, die Tiere zu großem Stress auszusetzen. Der Beliebtheit des größten Vergnügungsparks in Italien hat das keinen Abbruch getan: Seit über 30 Jahren amüsiert man sich in Gardaland, die mehr als 40 Attraktionen besuchen jährlich über 3 Mio. Menschen.

KULTUR, SPORT UND RELIGION

Sportlich geht es bei den Festivals der Biker und der Freeclimber zu

> Vor allem in der Hauptsaison finden rund um den See laufend Feste und Feierlichkeiten statt. Achten Sie auf die Aushänge, oder fragen Sie bei den Fremdenverkehrsämtern nach.

FEIERTAGE

1. Jan. *Capodanno;* **6. Jan.** *Epifania;* Ostersonntag und Ostermontag *(Pasqua* und *Pasquetta);* **25. April** Jahrestag der Befreiung vom Faschismus *(Liberazione);* **1. Mai** *Festa del Lavoro;* **2. Juni** Nationalfeiertag *(Festa della Repubblica);* **15. Aug.** *Ferragosto;* **1. Nov.** *Ognissanti;* **8. Dez.** *Immacolata Concezione;* **25. Dez.** *Natale;* **26. Dez.** *Santo Stefano*

FESTE UND VERANSTALTUNGEN

Ostern

Eine *Karfreitagsprozession* wird am *Venerdì Santo* in Limone als nächtlicher Lichterzug durch die Altstadt inszeniert, und in Castelletto di Brenzone werden die Kreuzwegstationen als *Passionsspiel* gestaltet.

Ende April/Anfang Mai

Bikefestival in Riva – siehe Kapitel „Sport & Aktivitäten".

Mai

Beim Rotkäppchen-Rundgang *(Cappuccetto Rosso)* für Familien am 1. Mai in Costermano bekommen Jungs ein Wolfskostüm, Mädchen werden als Rotkäppchen verkleidet, dann geht es auf eine kulinarische Reise ins Märchenland. *www.mangiafiaba.it*

Die *Festa del Vino Chiaretto* feiert man in Bardolino mit einem Straßenfest.

Die Bewohner von Torri ehren am 26. Mai ihren Schutzheiligen *San Filippo Neri* mit einer nächtlichen Segelregatta.

Juni

In Limone wird auf der Piazza Garibaldi an einem Juniwochenende bei der *Festa Popolare del Lago* kostenlos Weißwein ausgeschenkt, dazu gibt es Seefisch.

Mit der *Festa della Musica* feiert Arco den Sommeranfang am 21. Juni. Die historische Altstadt wird durch Open-Air-Events

>EVENTS FESTE & MEHR

von Hobbykünstlern und Musikprofis belebt.

Juli/August
In vielen Seeorten gibt es im Sommer *Konzerte*. In Gardone werden im Theater des Vittoriale degli Italiani *Konzerte und Freilichtaufführungen* veranstaltet. In Malcesine werden auf einer Freiluftbühne bei der Burg Konzerte und Theaterstücke aufgeführt *(Malcesine e l'Europa)*, in Veronas Arena laufen die *Opernfestspiele*. Am zweiten Sonntag im Juli findet in Limone eine *Serata Suoni e Sapori Antichi* statt. Für 15 Euro geht man von Station zu Station und degustiert lokale Küche und Weine, begleitet von Musik. Ähnlich: *Suoni e Sapori Antichi nell'Uliveto* im August. Am 26. Juli gibt es *Fackelumzüge* zu Ehren der hl. Benignus und Carus in Malcesine.

Insider Tipp

Musica Riva, eine internationale Konzertreihe junger Musiker, findet in der zweiten Julihälfte in der Burg statt. *www.musicarivafestival.com*

Insider Tipp

Straßenfeste prägen den *Carnevale del Sole* am letzen Julisamstag in Salò.

Ein großes Stadtfest feiert Riva im August mit Umzügen und Freilichtaufführungen, gekrönt durch die *Notte di Fiaba*, ein Feuerwerk am See *www.nottedifiaba.it*

September
Mitte September feiert Torri del Benaco den *Carnevale Settembrino* mit Umzügen und Straßenkünstlern.
Bei der *Traubenkur* von Mitte September bis Anfang Oktober können in Riva, Arco und Torbole Wein und lokale Produkte probiert werden. Außerdem Konzerte und Führungen in Weinkeller.
Am ersten Wochenende im September findet die Regatta *Centomiglia* in Bogliaco statt. *www.centomiglia.it*

Oktober
Das Genießerfest *Ciottolando con Gusto* mit Weinverkostungen und kulinarischen Stationen in Malcesine findet Anfang Oktober statt. *www.ciottolando.com*
Bei der *Festa dell'Uva* in Bardolino gibt es Wein bis zum Abwinken. Abends großes Feuerwerk.

> SCHMACKHAFTES AUS DREI REGIONEN

Kräftige Rote begleiten Deftiges aus den Alpen, frische Weiße die Fische aus dem See

> Wer Pizza für ein typisch italienisches Gericht hält, kommt am Gardasee auf seine Kosten – auch wenn er sich dabei irrt. Eine typisch italienische Küche im eigentlichen Sinn gibt es nicht: Sie ist eine Küche der Regionen, und das macht sich auch am Gardasee bemerkbar.

Vorausgesetzt, Sie bestellen nicht immer nur Pizza oder Wiener Schnitzel (auch wenn das absolut in Ordnung ist, das panierte Kalbfleisch wird nämlich auch in Italien gut zubereitet und gerne gegessen, nur heißt es hier *cotoletta milanese*).

Die Gardaseeküche hingegen sieht anders aus. Der See hat drei Anrainerregionen, im Norden das Trentino, am Ostufer Venetien und im Westen die Lombardei. Wenn Sie in guten Lokalen essen, können Sie die Unterschiede der jeweiligen Küche verkosten. Gemeinsam ist allen drei Regionen, dass rund um den See Fisch auf der Karte angeboten wird.

ESSEN & TRINKEN

Das Trentino bietet die deftigste Küche, schließlich ist es eine Alpenregion; manche Gerichte sind für Sommerabende am See fast zu schwer. Wer würde bei großer Hitze Speck- oder Käseknödel essen wollen? Das erinnert höchstens daran, dass man auch einmal im Winter an den Gardasee fahren könnte – dann ist alles ruhiger, und man kann, bei kühlen Winden fröstelnd, eine schwere, warme Mahlzeit durchaus genießen. Weiterer Pluspunkt eines Winteraufenthalts: Im Dezember werden an den Hängen des Monte Baldo Trüffeln *(tartufi)* geerntet, eine Köstlichkeit! Natürlich gibt es auch Pasta in allen Variationen, gerne gegessen werden z. B. *tajadele co' i fonghi,* Tagliatelle mit Pilzen, vornehmlich mit Pfifferlingen. Auch wenn Reis weiter aus dem Süden kommt, aus der Poebene, gibt es im Norden des Sees häufig Risotto; vor allem mit Steinpilzen *(porcini)* wird er hier zubereitet. Als Beilage unverzichtbar ist Polenta, ein mächtiger, goldgelber Brei aus Maisgrieß. Die kräftige Küche verlangt nach ebensolchen Weinen. Zwei vorzügliche, nur im Trentino gekelterte Rotweine sind Teroldego und Marzemino.

Der typische Wein am Ostufer ist der rote Bardolino – und der ist leider so bekannt, dass zu viel davon produziert wird. Wer sich genauer informieren möchte, fährt die Strada del Vino entlang. Auch feine Weißweine gibt es im südöstlichen Teil, vor allem den Lugana.

> SPEZIALITÄTEN

Genießen Sie die typische Gardaseeküche!

PIATTI (SPEISEN)

alborelle – frittierte Seefischchen
canederli – Knödel; sie werden hauptsächlich im Norden gegessen
carne salada – Pökelfleisch – die Spezialität des Trentino schlechthin
carpione – Die Gardaseeforelle ist rar geworden
coniglio – Kaninchen; nicht nur als Braten beliebt, geschnetzelt wird Kaninchen auch als Pastasauce serviert
funghi sott'olio – Pilze in Öl, typischer Bestandteil eines *antipasto misto,* einer gemischten Vorspeisenplatte

gnocchi – kleine Kartoffelteigklößchen; ein *primo* wie die Nudelgerichte, man isst sie also als eigenen Gang nach den *antipasti* und vor dem Hauptgericht
lavarello – Renke; Seefisch, wenn Sie Glück haben, direkt aus dem Gardasee
prosciutto con melone – (Parma-) Schinken mit Honigmelone, Klassiker unter den *antipasti* (Foto)
strangolapreti – die Spinat-Brot-Klößchen schmecken am besten in Butter geschwenkt und mit kross gebratenen Salbeiblättern
tartufo – Trüffel; am Monte Baldo wächst die rare Knolle. Am liebsten isst man sie über frische Pasta oder Spiegeleier gehobelt
trota – Forelle; stammt meist nicht aus dem See, sondern aus den Flüssen und Bächen der Region, schmackhaft als Forelle blau oder Müllerin Art

BEVANDE (GETRÄNKE)

Bardolino – Rotwein vom Ostufer, leicht, hellrot, mittlerweile durchaus von guter Qualität
birra alla spina – Bier vom Fass; vor allem zur Pizza wird in Italien selten Wein, dafür umso lieber Bier getrunken
Lugana – Weißwein vom Südufer, passt gut zu Fisch und Pasta
Marzemino – Trentiner Rotwein, schwer, rubinrot, samtig
Teroldego – Trentiner Rotwein, schwer, fruchtig, gehaltvoll

Am Westufer wird weniger Wein produziert. Wer es prickelnd liebt, wird hier nach Sekt Ausschau halten, der in der Franciacorta im Südwesten des Sees im Champagnerverfahren hergestellt wird.

Klassische Gerichte des südöstlichen Ufers sind u. a. mit Ziegenkäse gefüllte Zucchiniblüten oder die regionaltypische Pastasorte *bigoli.* Im Westen findet man mehr Geflügel, z. B. Perlhuhnbrust *(petto di faraona).* Ein beliebtes *primo* sind *tortelli di zucca,* Teigtaschen mit Kürbisfüllung.

Weder nach Genua noch nach Venedig ist es weit, und das heißt: Das Mittelmeer bestimmt den Speisezettel. Viel Gemüse wird zubereitet, entweder vom Grill oder eingelegt als Vorspeise. Unverzichtbar die Tomate – wer diese hier im Salat, als *caprese* (Tomaten, Mozzarella und Basilikum) oder in Pastasaucen genossen hat, wird nur noch ungern auf die roten Kugeln zurückgreifen, die er zu Hause im Supermarktregal findet.

Was die Kategorien der Restaurants anbelangt, finden Sie rund um den See so ziemlich alles, von der schnellen Pizza auf die Hand bis zu Gourmettempeln (vor allem um Salò und Gargnano). In der Hauptsaison und grundsätzlich bei teureren Lokalen gilt als dringende Empfehlung: Reservieren!

Noch ein Wort zu den Pizzerien: Leider haben die Preise für den beliebten Teigfladen unverhältnismäßig angezogen. Oft bezahlt man für eine Pizza ab 8 Euro, was in keiner Relation zum Wareneinsatz steht. Wer nur ein bisschen mehr ausgibt, kann in einem besseren Restaurant aufwendig und frisch zubereitete Pasta oder sogar Fleisch oder Fisch bekommen. Wer nicht so viel ausgeben kann oder möchte, dem seien die Wochen- und Supermärkte empfohlen. Zum Preis von zwei Pizzen bekommt man allemal ein paar *panini,* Käse aus der Umgebung, Salami, Oliven und natürlich Tomaten und am besten noch ein Bund Basilikum. Damit setzt man sich an den Strand, auf einen Steg oder an einen Berghang – und dann heißt es *buon appetito!*

Das Ostufer steht önologisch ganz im Zeichen des Bardolino

Bei den Desserts sind der Kalorienzahl keine Grenzen gesetzt. Wenn es mal leichter sein soll, bestellen Sie eine *macedonia,* einen Obstsalat aus frischen Früchten, oder fragen einfach nach *frutta fresca,* frischem Obst: Derart leckere fruchtsüße Aprikosen und Pfirsiche, Nektarinen und Pflaumen bekommen Sie zu Hause nur selten.

PASTA, SCHUHE & SPORTARTIKEL

Auf den bunten Wochenmärkten mischen sich Einheimische und Besucher

> Gerne möchte man den Aufenthalt in *Bella Italia* mit schmackhaften Souvenirs zu Hause verlängern. Kein Problem! Wochenmärkte finden in fast jedem Ort am See statt. Ob Sie schicke Schuhe kaufen wollen oder würzigen Parmesan, eine elegante Handtasche oder eine stylishe Espressomaschine: Hier werden Sie fündig. Auf den Märkten mischen sich noch immer Einheimische und Besucher bei der Jagd nach Schnäppchen.

Die Öffnungszeiten der Geschäfte sind recht unterschiedlich und generell italienisch flexibel. Faustregel: 9 bis 12.30 Uhr und 15.30 bis 19 Uhr. Im Sommer kann man vielerorts bis 22 Uhr shoppen, manchmal sogar noch länger. Und in den am stärksten frequentierten Touristenorten müssen Sie auch am Sonntag nicht wieder wegfahren, ohne Geld ausgegeben zu haben.

ESSEN & TRINKEN

Lebensmittel eignen sich gut als Mitbringsel, etwa das wunderbar milde Olivenöl vom Gardasee. Das kauft man am besten (und günstigsten) in einer Kooperative, zum Beispiel in Gargnano oder in Limone. Sehr gute Produkte aus Oliven gibt es auch im Olivenmuseum in Cisano bei Bardolino. Nicht zu vergessen hochwertige oder ausgefallene Pastasorten, Wein und Grappa. Allerdings sollten Sie die beiden Letzteren lieber im Supermarkt oder in Weingeschäften als in Souvenirläden kaufen. Denn in der allzu hübschen Glasflasche für Touristen steckt nicht immer der beste Tropfen.

GARDINEN

Es ist ein Zwischending zwischen Vorhang und Gardine – und bringt in jedes Zimmer eine italienische Atmosphäre: weiße Fenstergardinen mit Lochstickerei. In Italien findet man sie überall, sie werden dort so gern verwendet, weil sie die Sommerhitze aus den Wohnungen heraushalten und dennoch das Leben nicht so verdüstern wie geschlossene Fensterläden. Wer sich damit für zu Hause eindecken möchte, kann auf den größeren Märkten etwa in Salò oder Desenzano

> EINKAUFEN

fündig werden oder in Läden in den größeren Orten rund um den See. Meist sind es unspektakuläre Geschäfte, man findet Bettwäsche, Kissenbezüge und Ähnliches – und vermutlich kaum Touristen im Verkaufsraum.

MODE

Lederwaren sind in Italien immer noch günstig zu bekommen, vor allem auf den Märkten. Italienische Designermode gibt es in den Markenboutiquen von Salò und Peschiera, in Desenzano, Riva und auch in Bardolino. Fast ein Einkaufszentrum ist Sirmione: In den Gassen der Altstadt warten zahlreiche teure Läden auf den Geldbeutel der Gäste.

Die Jagd nach billiger Kleidung nimmt mittlerweile skurrile Formen an. Da gibt es zum einen in vielen Orten Läden nach dem Prinzip „Tutto a 15 Euro", also alles für 15 Euro, aber oft ist das Angebotene von so schlechter Qualität, dass es noch nicht einmal diesen Preis rechtfertigt. Stark steigend ist die Zahl der Outlets: Bald wird man in jeder Fußgängerzone auf so einen Laden stoßen; nur selten gibt es aber wirklich reduzierte Markenkleidung, sondern oft nur billigen Kram. Echte Schnäppchen können Sie dagegen machen, wenn Sie gegen Ende des Sommers anreisen. Im Schlussverkauf *(saldi)* wird in vielen Geschäften gleich die ganze Ware um die Hälfte reduziert. Das lohnt sich dann vor allem bei echter Markenkleidung.

SPORTARTIKEL

Wo sich so viele Sportler wie am Gardasee tummeln, fehlt es natürlich nicht an den passenden Sportgeschäften. In Torbole finden Surfer alles, was sie für ihren Sport benötigen, vom schnittigen Board über stylishe Ausrüstung bis hin zum wasserfesten Outfit. Kletterern wird man in Arco gerne weiterhelfen, und Mountainbiker finden entweder in Riva oder in Arco die nötigen Ersatzteile. Richtig billig wird das alles jedoch nicht werden – in großen Sporthäusern in Deutschland können Sie die nötigen Sportartikel meist günstiger einkaufen.

> SURFERSPOT UND BIKERTREFF

Zum Faulenzen ist das enge Nordufer mit seinem spektakulären Hinterland viel zu schade

> Die Fahrt zu einem weit entfernten norwegischen Fjord können Sie sich getrost schenken: Fahren Sie einfach ans Nordufer des Gardasees, da sieht es ähnlich spektakulär aus. Mächtig steil ragen die Bergwände hier auf, für Ortschaften ist wenig Platz.

Riva allein kann sich etwas ausbreiten, denn es liegt im einstigen Schwemmlandkegel der Sarca. Das Nachbardörfchen Torbole ist eingezwängt zwischen Monte Brione, Seeufer und dem Felsen, auf dem die Ruine der Burg Penede thront. Genau diese Lage schätzt das Publikum von Torbole: Wie durch einen Windkanal sausen hier regelmäßig *ora, peler* und *balì,* sehr zur Freude der Surfer.

Weiter südlich gelangt man nach Malcesine, einem netten alten Dorf, allerdings oft sehr überlaufen. Sportlich Aktive erklimmen den Gipfel des Monte Baldo, der fast 2000 m über den See aufragt. Malcesine direkt

Bild: Surfer südlich von Malcesine

NORD UFER

gegenüber liegt Limone, das manchmal unter dem Ansturm der Tagesgäste zu ächzen scheint. Frühmorgens aber spürt man noch etwas vom Charme der kleinen Orte.

LIMONE

[124 B–C4] **Limone hat nur wenig Platz. Am westlichen Nordufer ragen die Berge hoch auf und fallen steil ab in den See.** Die kleine Altstadt drängt sich auf dem engen Raum – und in ihren Gassen drängeln sich die Menschen. Limone zählt nur etwa 1000 Ew., doch es ist eine der Tourismushochburgen des Gardasees. Besonders schön ist in Limone die Ankunft per Schiff – nur vom Wasser aus sieht man die Reste der vielen *limonaie,* in denen einst Zitronen gezüchtet wurden.

Im 13. Jh. begann der Zitronenanbau am Gardasee, und um die empfindlichen Pflanzen gegen Nacht-

Nur bei der Ankunft per Schiff sehen Sie die Reste der einstigen Zitronenhaine von Limone

fröste zu schützen, wurden aufwendige Gewächshäuser gebaut. Heute gibt es nur noch ganz vereinzelt *limonaie* in Betrieb: Zitronen aus Sizilien waren nach der Einigung Italiens 1866 in Norditalien billiger als die eigenen, mühsam gehegten.

Obwohl in Limone an Häusern und in Souvenirshops überall Zitronen – italienisch: *limone* – zu sehen sind, stammt der Ortsname vom lateinischen *limes* („Grenze"). Heute ist diese Grenze nur noch die zwischen dem Trentino und der Lombardei, doch bis 1918 war es die Trennlinie zwischen Österreich und Italien.

SEHENSWERTES

SAN BENEDETTO

Ursprünglich stand hier eine römische Basilika. Auf deren Ruinen wurde die Pfarrkirche 1691 errichtet. Sehenswert sind drei Altäre aus dem 17. Jh. *So 8–18 Uhr*

LA LIMONAIA DEL CASTEL

Die *limonaia* ist restauriert worden, 2004 wurden 50 Zitrusgewächse angepflanzt, von Bitterorangen bis Zitronatzitronen. *Tgl. 10–12 und 16–18 Uhr | gut ausgeschildert im Ort*

ESSEN & TRINKEN

LOCANDA ALLA NOCE

Auf der Terrasse mit Seeblick ein paar Schritte von der Altstadt genießt man Gerichte wie Bandnudeln mit Pfifferlingen. *Mi geschl. | Via Comboni 33 | Tel. 03 65 95 40 22 | www.albergoallanoce.it | €–€€*

AL PIRATA

Holzofenpizza, frisch und kross – was will man mehr? *Tgl. | Lungolago Marconi 56 | Tel. 03 65 95 43 85 | €*

HOTEL AL RIO SE'

In dem kleinen Hotel, etwas entfernt vom Trubel, kehren Stammgäste seit

Jahrzehnten ein. Auf der Terrasse des Restaurants sitzt man sehr beschaulich und genießt wunderbares Forellenfilet mit frischem Salbei und Butter. *April–Sept. tgl. | Via Nova 12 | Tel. 03 65 95 41 82 | www.hotelalriose.com* | €

EINKAUFEN

COOPERATIVA AGRICOLA POSSIDENTI OLIVETI

In der „Genossenschaft der Olivenhainbesitzer" bekommen Sie außer dem kalt gepressten *olio d'oliva extra vergine* viele Ölprodukte wie Oliven und Pasten. *Via Campaldo 2 und Via IV Novembre 29 | Tel. 03 65 95 44 46 | www.oleificiolimonesulgarda.com*

MARKT

Jeden ersten und dritten Dienstag im Monat.

ÜBERNACHTEN

GARDA

Ein Campingplatz mit Privatstrand. *Via IV Novembre 10 | Ortsteil Fasse sul Lago | Tel. 03 65 95 45 50 | Fax 03 65 95 43 57*

LE PALME

Wer mitten im Ort wohnen möchte, ist hier richtig: Le Palme wurde in einer Villa aus dem 17. Jh. untergebracht. *28 Zi. | Via Porto | Tel. 03 65 95 46 81 | Fax 03 65 95 41 20 | www.sunhotels.it* | €€€

HOTEL SOLE

Mitten im Ort, direkt am See und nur ein paar Schritte zur Schiffsanlegestelle, ein Blick wie gemalt – unbedingt Zimmer mit Seeblick verlangen! *38 Zi. | Via G. Marconi 36 | Tel. 03 65 95 40 55 | Fax 03 65 95 47 03 | www.hotelsolelimone.com* | €–€€

SPORT & STRÄNDE

BADEN

Es gibt einen winzigen Kiesstrand am nördlichen Ende der Promenade in der Altstadt und die *Spiaggia del Tifù* mit Beachvolleyball am südlichen Ortsrand. Südlich des großen Parkplatzes finden Sie den großen, freien Kiesstrand.

SEGELKURSE FÜR GROSS UND KLEIN

Circolo Vela Limone | Tel. 03 65 91 40 45 | cvlimone@tiscali.it

MARCO POLO HIGHLIGHTS

★ Museo Castello Scaligero
Goethe-Zeichnungen und Naturkunde in Malcesines Scaligerkastell (Seite 34)

★ Funivia und Seggiovia Monte Baldo
Fernsicht aus der verglasten Seilbahn und vom Gipfel (Seite 38)

★ Spiaggia Sabbioni in Riva
Einer der größten und schönsten frei zugänglichen Strände des Sees (Seite 42)

★ Cascata del Varone
Der Wasserfall ist ein gutes Kinderprogramm, das auch bei Regen Spaß macht (Seite 43)

★ Museo di Arte Moderna Contemporanea
In Rovereto präsentiert sich moderne italienische Kunst des 20. und 21. Jhs. in Mario Bottas spektakulärem Museumsbau (Seite 47)

FAHRRADVERLEIH

Tombola Rent | Via Einaudi 1 b | Tel. 03 65 95 40 51 | www.tombolarent.it

WANDERN

Insider Tipp

Von Juni bis September gibt es jeden Sonntag geführte Wanderungen zur Hütte Bonaventura Segala. Treffpunkt ist um 8 Uhr an der Bar Turista, die Teilnahme ist kostenlos. Es handelt sich um eine anspruchsvolle Tour mit rund 1000 m Höhenunterschied. Eine einfachere Wanderung „Auf dem Sonnenpfad" in Richtung Ramol wird jeden Dienstag veranstaltet (Treffpunkt um 9 Uhr in der Bar Turista). Auskunft: *Gruppo Alpini | Tel. 03 65 95 42 65*

AM ABEND

Insider Tipp

LA CANTINA DEL GATO BORRACHO ▸▸

Nicht in der Altstadt, sondern auf der anderen Seite der Durchgangsstraße, beim Parkhaus, liegt diese Enoteca. Jüngere Einheimische treffen sich hier spätabends auf ein Glas Wein. *Di geschl. | Via Caldogno 1 | Tel. 03 65 91 40 10 | www.gatoborracho.com*

AUSKUNFT

Via IV Novembre 29 | Tel. 03 65 91 89 87 | Fax 03 65 95 47 20 | www.visitlimonesulgarda.com, www.rivieradeilimoni.it

MALCESINE

[124 C5] **Malcesine ist der einzige größere Ort am östlichen Nordufer, mit 3600 Ew. fast schon eine kleine Stadt.** Die engen Gassen der Altstadt drängen sich zur Burg hinauf. Wer nur unten am See entlangflaniert, bekommt von der Atmosphäre von Malcesine nur einen Teil mit. Denn in den Gassen gibt es immer noch ruhige Ecken.

Einen Besuch der Scaligerburg sollten Sie aber auch auf keinen Fall verpassen – nicht nur, weil Sie sich so auf die Spuren eines berühmten Deutschen begeben – Johann Wolfgang von Goethe war nämlich bereits hier –, sondern auch, weil Sie von der Burg einen wunderbaren Blick auf den See und die Dächer des Orts genießen.

SEHENSWERTES

MUSEO CASTELLO SCALIGERO ★

Das Museum in der Burg wurde 2008 aufwendig modern gestaltet. Der Teil im Palazzo Inferiore von 1620 im untersten Hof informiert über Flora, Fauna und Geologie des Monte Baldo und erklärt, wie die Venezianer im 15. Jh. Galeeren über den Landweg in den Gardasee brachten. Der Goethe-Raum zeigt Kopien der Gardaseezeichnungen des Geheimrats. *Kastell tgl. 9–19.30 Uhr, Museum April–Okt. tgl. 9.30–19, Nov.–März Sa/So 11–16 Uhr*

PALAZZO DEI CAPITANI DEL LAGO

Der Palast nahe beim Hafen wurde von den Scaligern im 13. Jh. erbaut, die unverwechselbaren Zinnen verpassten ihm die Venezianer; Ende des 15. Jhs. residierten dort die venezianischen Gouverneure. Heute ist hier das Rathaus von Malcesine untergebracht. Hin und wieder finden Ausstellungen statt, dann sollten Sie nicht versäumen, dem schönen Gebäude und auch dem kleinen Palmengarten direkt am See einen Besuch abzustatten.

Insider Tipp

ESSEN & TRINKEN

Insider Tipp

GELATERIA CENTO PER CENTO

Die kleine Eisdiele liegt eigentlich wie eine typische Touristenfalle direkt am Eingang zur Burg, doch auch zahlreiche Einheimische beteuern, dass sie selber oft den steilen Weg nach oben nehmen, weil Fabrizio das beste Eis des Orts macht. *Via Castello 31*

RE LEAR

Eines der edleren Lokale Malcesines. Drinnen sitzt man unter Gewölbe und dennoch nicht rustikal, auf der kleinen Piazza davor recht lauschig. Fürs Degustationsmenü müssen Sie 45 Euro veranschlagen, doch die sind gut angelegt. *Di geschl. | Piazza Cavour 23 | Tel. 04 57 40 06 16 | www.relear.com* | €€€

Erhebende Ausblicke bieten die Zinnen der Scaligerburg von Malcesine

DA PEDRO

Wer hierher findet (der Laden liegt etwas versteckt), kennt den Wirt meist schon vom Strand – da gibt es die gleichnamige Snackbar. Die Gaststätte ist eingerichtet wie einst die ersten Pizzerien in Deutschland in den Sechzigerjahren, und die Pizza schmeckt prima. *Di geschl. | Via Porto Vecchio 9 | Tel. 04 57 40 10 81* | €–€€

EINKAUFEN

CONSORZIO OLIVICOLTORI

Insider Tipp

550 Kleinbauern aus Malcesine liefern in dieser Ölkooperative ihre Oliven ab. Zudem gibt es im Laden weitere lokale Produkte. *Via Navene 5 | www.oliomalcesine.com*

NODARI CASALINGHI

Keines der üblichen Keramiksouvenirgeschäfte, sondern ein sehr gut

MALCESINE

Ein Traum: die rauschende Abfahrt mit dem Bike vom Monte Baldo bis ans Seeufer

sortierter Haushaltswarenladen – und ein paar Keramikschüsseln gibt es auch. *Corso Garibaldi 57*

MARKT

Jeden Samstagvormittag auf dem *Platz beim Municipio.*

ÜBERNACHTEM

Insider Tipp HOTEL DU LAC

Noch recht neu ist dieses kleine, elegante Hotel. Die Zimmer bieten riesige Panoramascheiben zum See, es liegt direkt an der Strandpromenade, ist modern gestaltet und stilsicher geführt. *36 Zi. | Via Gardesana 63 | Tel. 04 57 40 01 56 | Fax 04 57 40 07 88 | www.dulac.it* | €€€

MODENA

Das Hotel ist ein Bikehotel, es gibt ein Depot für Räder und Infos für die Fahrer. Man wohnt modern-schlicht renoviert und mitten im Zentrum. *30 Zi. | Corso Garibaldi 2 | Tel. 045 74 00 16 | Fax 04 56 58 38 40 | www.hotelmalcesine.com* | €

VILLA ALBA

Von einigen Zimmern hat man einen herrlichen Blick über den See. Die Inhaberin, Renate Krenslehner, hat ein Herz für Motorradfahrer. Für das Bike gibt es Stellplätze in der Garage, Hochdruckreiniger und Werkzeug, für die Fahrer ein reichhaltiges Frühstücksbuffet. *12 Zi. | Via Gardesana 196 | Tel./Fax 04 57 40 02 77 | www.hotelvillaalba.it* | €–€€

SPORT & STRÄNDE

BADEN

Bis nach Navene, 5 km nördlich, geht ein abgesicherter Fuß- und Radweg, man kann die Strände gut erreichen. Unterhalb der Burg gibt es eine winzige Badebucht. Liegewiese beim Strand südlich der Promenade.

MOUNTAINBIKEVERLEIH

Bikeverleih an der Talstation der Seilbahn. *Bike Xtreme | Ortsteil Panzano | Tel./Fax 04 57 40 02 45 | www.bikeapartments.com*

SURF- UND SEGELSCHULEN

Stickl Sport Camps (Val di Sogno | Tel. 04 57 40 16 97); Kitexxxxtreme Rauy (Tel. 33 58 22 43 00); Wwwind

Square (Via Gardesana | Ortsteil Sottodossi | Tel. 04 57 40 04 13 | www.wwwind.com)

Insider Tipp

TANDEMFLÜGE

Zwei Piloten bieten Tandemflüge mit dem Gleitschirm vom Monte Baldo an. *Peter (Tel. 33 81 95 38 22)* und *Condorfly (Tel. 33 83 92 24 12 | www.condorfly.com)*

TAUCHEN

Athos Diving | Via Gardesana 97 | Tel. 04 56 59 00 15 | www.athosdiving.com

AM ABEND

In Malcesines Altstadtgassen geht es im Sommer bis Mitternacht lebhaft zu. So wie tagsüber die Tagestouristen, flanieren abends die Nachtschwärmer durch die Straßen. Schließen Sie sich der *passeggiata* an.

>LOW BUDGET

- > In Riva del Garda können Sie gratis in der *Biblioteca (Mo–Fr 14–19 Uhr | Palazzo Lutti | Piazza Garibaldi 5)* surfen (kein WLAN).
- > In den Ortsteilen von Malcesine, von Navene bis Cassone, verkehrt täglich von 8 bis 14 und 17 bis 1 Uhr ein neuer *Tourist-Bus* im Pendelverkehr; eine Fahrt kostet nur 1 Euro. Vor allem an Markttagen empfehlenswert!
- > Im Juni/Juli findet im Trentiner Teil der Gardaseeregion die Reihe *Gardajazz* statt. Außer Konzerten etwa in der Burg von Riva gibt es öffentliche Veranstaltungen bei freiem Eintritt. Infos bei den Verkehrsämtern und unter *www.gardajazz.com*.

ART CAFÉ

Wer nicht immer nur Wein und andere alkoholische Getränke konsumieren möchte, kann im schicken Art Café einen Milchshake zu sich nehmen. *Piazza Turazza 12*

OSTERIA SANTO CIELO

Insider Tipp

Eine kleine Osteria, die fast nur von jungen Einheimischen frequentiert wird. Essen kann man hier zwar auch, zum Beispiel *bruschette* oder eine Käseplatte, aber es gibt vor allem eine umfangreiche Weinkarte. *Piazza Turazza 11*

PUB VAGABONDO ▸▸

Bis 3 Uhr nachts plaudern hier Biker mit Kitesurfern über Winde und Wege. Viele Einheimische. *Via Porta Orientale 1*

AUSKUNFT

Via Capitanato 6/8 | Tel./Fax 04 57 40 08 37 | www.malcesinepiu.it

ZIELE IN DER UMGEBUNG

BRENZONE [124 B6]

Fährt man Richtung Süden am See entlang, kommt man nach wenigen Kilometern nach Brenzone, einem Zusammenschluss einiger Dörfer zwischen Malcesine und Torri del Benaco. Längs des Ufers liegen Castelletto, der Hauptort Magugnano, Porto und Assenza, am Hang Borago, Prada und noch ein paar weitere. Von Prada und Costabella aus führen Lifte auf den Monte Baldo. Schlendern Sie durch die Gassen von *Castello di Brenzone* – hier ist es viel ruhiger als unten am See, und die Ausblicke aufs gegenüberliegende Westufer sind fantastisch.

Südlich von Castelletto lohnt sich ein Stopp an der kleinen Kirche *San Zeno*. Sie stammt aus dem 11. Jh. Im *Museo del Lago (Di–So 10–12 und 15–18 Uhr)* in Cassone am Hafen zeigt das Seemuseum alles zur Fischerei am Gardasee. Das Gebäude war früher eine Fischzuchtanlage – im Außenbecken schwimmen Aale.

Der Monte Baldo gewährt spektakuläre Panoramablicke – und angenehme Pausen

Sie können in Brenzone übernachten im Hotel *Sorriso (26 Zi. | Porto di Brenzone | Tel. 04 57 42 00 14 | €)*. Zur Straße ist es laut, verlangen Sie ein Zimmer zum Berg! Schön direkt am Strand liegt das Hotel *Belfiore (32 Zi. | Porto di Brenzone | Tel. 04 57 42 01 02 | Fax 04 57 42 06 53 | www.consolinihotels.it | €€)*. Auskunft: *Via Zanardelli 38 | Tel. 04 57 42 00 76 | Fax 04 57 42 07 58 | www.brenzone.it*

EREMO SANTI BENIGNO E CARO [124 C5–6]

Die Eremitage der beiden Einsiedler Benigno und Caro liegt beim Ortsteil Cassone. Sie ist in einer zweistündigen Wanderung von der Mittelstation der Seilbahn von Malcesine zu erreichen, der Weg ist ausgeschildert und gut zu finden. Die Kirche ist nur am 26. Juli geöffnet.

FUNIVIA UND SEGGIOVIA MONTE BALDO ★ [124 C5]

Die Monte-Baldo-Seilbahn überwindet von Malcesine über die Mittelstation San Michele bis zur Bergstation 1700 Höhenmeter – damit haben Sie viel Zeit zum Schauen, was sich gleich doppelt lohnt, da die Bahn im oberen Abschnitt rundum verglaste, sich um die eigene Achse drehende Kabinen hat.

Einmal oben angekommen, warten nicht nur lange, aussichtsreiche Wanderungen, sondern auch ein halbstündiger Spaziergang auf einem ebenen Panoramaweg mit grandiosen Tiefblicken auf Wanderer. Da dieser Ausflug sehr beliebt ist, müssen Sie an manchen Tagen mit stundenlangen Wartezeiten rechnen! Einzige Chance, dem Stau am Berg zu entgehen, ist dann, frühmorgens vor dem großen Ansturm eine der ersten Gondeln zu erreichen. Insider Tipp Es werden auch Mountainbikes transportiert, aber nur zu bestimmten Uhrzeiten morgens und nachmittags.Ein zusätzlicher Sessellift zum Skifahren (Betrieb auch im Hochsommer) wurde im Winter 2009 auf der Hochebene Prà Alpesina eröffnet. *Seilbahn tgl. 8 bis – je nach Saison – 17/18/19 Uhr | hin und zurück 18, einfach 12, mit Mountainbike 16 Euro | Auskunft Tel. 04 57 40 02 06 | www.funiviedelbaldo.it*

RIVA DEL GARDA

KARTE IN DER HINTEREN UMSCHLAGKLAPPE

[124 C3] **Mit 14 000 Ew. ist Riva der zweitgrößte Ort am See. Die Besucher sind etwas gemischter als im benachbarten Surfermekka Torbole.** Auch in Riva treffen sich Surfer, wenngleich die Windverhältnisse für die ganz Sportlichen und besonders Ambitionierten hier nicht mehr so interessant sind. Familien mit Kindern fühlen sich allerdings hier dank des langen Strands und des weitläufigen Uferparks genauso wohl wie die älteren Besucher.

Riva liegt am fjordartigen Nordende des Sees, nach Nordosten hin breitet sich die immer größer werdende Stadt ins flache Schwemmland der Sarca aus, der historische Kern liegt am See. Drei Stadttore Rivas blieben erhalten, sie führen heute in den Fußgängerbereich der Altstadt.

Schon den Römern entging die strategisch günstige Lage dieser Nordecke des Sees nicht. Später war das Habsburgerstädtchen ein Anziehungs-

> BLOGS & PODCASTS

Gute Tagebücher und Files im Internet

- > *http://de.wordpress.com/tag/gardasee* – bunt gemischte Einträge zu Ausflügen, Hotels und Veranstaltungen am Gardasee
- > *www.blog.lilu24.de/reisen/reisebericht-gardasee-ostern-2009* – eine Osterreise an den See
- > *www.bikelog.de/?s=gardasee&submit=Go* – auf diesem Mountainbikeblog finden sich Tipps zu Touren am See
- > *http://forum.tiamoitalia.de* – ein Potpourri an Beiträgen (auch zum Gardasee) für und von Italienfans

Für den Inhalt der Blogs & Podcasts übernimmt die MARCO POLO Redaktion keine Verantwortung.

punkt für Literaten wie Friedrich Nietzsche und Thomas Mann, Rainer Maria Rilke und Franz Kafka. Erst seit dem Ende des Ersten Weltkriegs gehört Riva zu Italien.

SEHENSWERTES

CHIESA DELL'INVIOLATA

Die auffällige, achteckige Kirche wurde im 17. Jh. außerhalb der Altstadt erbaut. Sie gilt als die schönste Barockkirche des Trentino.

ROCCA UND MUSEO CIVICO

Schon im 12. Jh. stand hier eine Wasserburg, die Scaliger bauten sie 1370 zu einer starken Befestigung aus. Heute logiert das modern gestaltete *Stadtmuseum (Di–So 10 bis 12.30 und 13.30–18 Uhr)* auf drei Etagen in der Burg. Es zeigt Gemälde und Interessantes zur Stadtgeschichte, zudem gibt es eine archäologische Abteilung.

TORRE APPONALE

Das 34 m hohe Wahrzeichen der Stadt, das Riva auf Fotos unverwechselbar macht, wurde Anfang des 13. Jhs. zum Schutz des Hafens gebaut. Zu seinen Füßen breitet sich die lebhafte Piazza III Novembre aus, das Herz der Altstadt.

ESSEN & TRINKEN

RISTORANTE ALPINO

Die Tische sind mit rotweißen Tischtüchern gedeckt, mittags essen Bauarbeiter und Banker Trentiner Gerichte wie Polenta mit Reh. Der Besitzer hat auch günstige Apartments *(www.casaalpino.it)* für seine Gäste im Angebot. *Tgl., in der Nebensaison So geschl. | Via Cerere 10 | Tel. 04 64 55 22 45 | €*

COMMERCIO

Rustikal sitzt man nicht nur im riesigen Saal dieses alten Palazzos, schön

Inviolata-Kirche: außen schmucklos, innen der Formenreichtum des Barock

ist es auch draußen. Egal, wo Sie ein Plätzchen finden: Die hausgemachte Lasagne oder das Risotto mit Teroldego, einem lokalen Rotwein, ist ein Genuss. *Mo geschl. | Piazza Garibaldi 4 | Tel. 04 64 52 17 62 | €€*

Insider Tipp
LA MONTANARA
Die karierten Tischtücher verraten es: Hier wird rustikal gekocht, etwa Trentiner Pferdesteak oder Penne mit Taleggio. *Mi geschl. | Via Montanara 20 | Tel. 04 64 55 48 57 | €*

NUOVO NOVECENTO ▶▶
Das Novecento war eines der traditionsreichsten Edellokale in Riva – das „Neue Novecento" hingegen ist eine schicke *wine bar* mit gediegener Küche. Drinnen sitzt man auf Designermöbeln, auf der kleinen Terrasse aber idyllisch wie schon zuvor. *Mi und mittags geschl. | Via Gazzoletti 6 | Tel. 04 64 03 09 00 | www.nuovo900.it | €€–€€€*

OSTERIA PANE SALAME
Davide und Federica Seghetto servieren in ihrer winzigen Osteria ganz im Westen der Altstadt nur Käse- und Salamiplatten, aber man sitzt sehr gemütlich – und wer will schon jeden Abend das große Menü? *Mo geschl. | Via Marocco 22 | Tel. 04 64 55 19 54 | €*

EINKAUFEN

ALIMENTARI MORGHE
Pasta und Reis, Gemüse, Kaffee, Oliven – alles, was es eben in italienischen Lebensmittelgeschäften so gibt. Mit einem Unterschied: Hier ist Insider Tipp alles aus Bioproduktion. Und wer Heimweh hat: Es gibt auch Vollkornbrot. *Viale Rovereto 101*

ERRELUCE
All die schicken Designerlampen, die in Deutschland unerschwinglich sind, kosten zwar auch hier einiges – aber man findet in dem kleinen Laden außerhalb der Altstadt auch herabgesetzte Ware. *Viale dei Tigli 21 c*

Biologisch korrekt: Alimentari Morghe

LIBRERIA IL MAPPAMONDO
Hier gibt es nicht nur hübschere Postkarten als bei anderen, sondern auch eine Auswahl an Büchern auf Deutsch, für lange Tage am Strand. *Via Disciplini 30*

MARKT
Im Sommer jeden zweiten und vierten Mittwoch des Monats am *Viale Dante.*

ÜBERNACHTEN

HOTEL ASTORIA
Kürzlich renoviert, ist dieses Haus – elegant und ohne Schnickschnack – eines der modernsten des Orts. Großes Wellnesscenter. *100 Zi. | Viale Trento 9 | Tel. 04 64 57 66 57 | Fax 04 64 52 12 22 | www.relaxhotels.com | €€€*

OSTELLO BENACUS

Es gibt in der Jugendherberge zwei Doppel- und zwei Vierbettzimmer mit eigenem Bad, ansonsten auf drei Etagen Mehrbettzimmer mit abschließbaren Schränken. *Piazza Cavour 10 | Tel. 04 64 55 49 11 | Fax 04 64 24 45 53 | www.ostelloriva.com | €*

CERVO

Ein bürgerlich geführtes Hotel mitten in der Altstadt. Abends kann es noch lange lebhaft zugehen. *59 Zi. | Via Armando Diaz 15 | Tel. 04 64 55 22 77 | Fax 04 64 55 43 67 | €€*

AGRITURISMO EDEN MARONE & AGRITUR GIRARDELLI

Der Familienbetrieb war immer schon empfehlenswert; nun haben die Brüder Tiziano und Walter ein zweites Haus eröffnet: Gleich unterhalb des Eden Marone liegt Agritur Girardelli mit Whirlpool und Sauna. Insider Tipp Geführte MTB-Touren eines Veranstalters vor Ort sind im Übernachtungspreis inbegriffen! *Marone: 15 Zi. | Via Marone 11 | Tel./Fax 04 64 52 15 20 | www.edenmarone.it | €; Agritur Girardelli: 8 Zi. | Via Marone 8 | Tel./Fax 04 64 52 16 42 | www.agriturgirardelli.com | €–€€*

VILLA MARIA

In dieser kleinen Pension in Spaziernähe zur Altstadt wohnen Sie ruhig, wenn Sie ein Zimmer nach hinten verlangen. Die Zimmer sind durchschnittlich, der Service macht das wett. *10 Zi. | Viale dei Tigli 19 | Tel. 04 64 55 22 88 | Fax 04 64 56 11 70 | www.garnimaria.com | €*

SPORT & STRÄNDE

BADEN

Riva hat einen der größten und schönsten frei zugänglichen Strände des ganzen Sees. Die ★ *Spiaggia Sabbioni* zieht sich im Anschluss an

Das passende Outfit für Strand und Sport bekommen Sie auf den Märkten rings um den See

den Hafen in Richtung Torbole bis zum Monte Brione hin. Viel Schatten, diverse Bars und Eisstände.

FAHRRADVERLEIH

Bikes Girelli (Viale Damiano Chiesa 15/17 | Tel. 04 64 55 66 02); Cicli Pederzolli (Viale dei Tigli 24 | Tel. 04 64 55 18 30 | www.pederzolli.it)

SURFEN

Surf Segnana (Lungolago dei Pini 19 | Tel. 0464505963 | Fax 0464505498 | www.surfsegnana.it); Pier Windsurf Center (Ortsteil Gola | Tel. 044550928 | www.pierwindsurf.it)

AM ABEND

nsider Tipp

BINARIO

Nahe am Yachthafen, kann man hier auch essen, aber in dem schicken Lokal treffen sich nach der Mahlzeit ebenso die schick gekleideten Nachtschwärmer. *Di geschl. | Largo Medaglie d'Oro al Valor Militare 2*

CAFÉ LATINO

Direkt neben dem Wasserkraftwerk liegt dieses Nachtcafé zum Tanzen, Abhängen und Versacken. *Fr/Sa ab 20 Uhr | Via Monte Oro 14*

JONNY'S PUB

Offensichtlich gibt es hier Grabenkämpfe mit dem benachbarten Lokal Vecchio Porto: Jeder wetteifert darum, die Musik noch ein Stückchen lauter zu drehen. Der einheimischen Jugend gefällts jedenfalls. *Piazza Catena 7*

IL VECCHIO PORTO

In dieser Bar am Hafen trifft sich die Jugend bei lauter Musik und Bier. *Piazza Catena 5*

AUSKUNFT

Im Sommer bietet die Touristinformation auch kostenlose Stadtführungen an. *Largo Medaglie d'Oro al Valor Militare | Tel. 04 64 55 44 44 | Fax 04 64 52 03 08 | www.gardatrentino.it*

ZIELE IN DER UMGEBUNG

CASCATA DEL VARONE ★ [124 C2–3]

Was im Lago di Tenno noch so ruhig vor sich hin schimmert, rauscht hier 100 m mit ziemlichem Getöse zu Tal. 1874 wurde der Wasserfall Varone 5 km nördlich von Riva für Besucher eröffnet. *März und Okt. tgl. 9–17, April und Sept. 9–18, Mai–Aug. 9–19, Nov.–Feb. So 10–17 Uhr | www.cascata-varone.com*

LAGO DI LEDRO [124 B3]

Wem es am Gardasee zu voll und vielleicht auch zu heiß wird, der kann diesen kleinen Ausflug (gut 10 km) ins Gebirge unternehmen. Nach der

Fahrt durch zwei lange Tunnel kommt man auf die Hochebene des Ledrotals *(www.vallediledro.com)* und kurz darauf an den gleichnamigen See. Am hinteren Ende steht an einem schönen Strand das Hotel *Lido (34 Zi. | Pieve di Ledro | Tel. 04 64 59 10 37 |*

Beachvolleyballplätze finden Sie an zahlreichen Stränden rund um den See

Fax 04 64 59 16 60 | www.hotellido ledro.it | €€–€€€). In der *Locanda Tre Oche (Mo geschl. | Molina di Ledro | Via Maffei 37 | Tel. 04 64 50 90 62 | Fax 04 64 50 81 77 | www.treoche.it | €€)* sollten Sie typische Trentiner Gerichte wie Gerstensuppe oder die hausgemachte Pasta probieren. Zum Restaurant gehört auch ein Hotel.

RÖMISCHE AUSGRABUNGEN SAN MARTINO [124 C2]

Diese etwas versteckt liegenden Ausgrabungen liegen ein paar Kilometer nordwestlich von *Campi.* Dort können Sie das Auto an der Kirche stehen lassen, dann führt ein ausgeschilderter, halbstündiger Spaziergang durch den Wald zu der archäologischen Stätte (es gibt aber auch einen näher gelegenen Parkplatz). Die Reste stammen von einem römischen Haus, vermutet wird ein Kultplatz, vielleicht auf noch älteren Mauern errichtet.

TENNO UND LAGO DI TENNO [124 C2]

Tenno ist ein beliebter Ausflugsort für Urlauber am nördlichen Gardasee; eine kurvenreiche Straße führt 6 km hinauf. Von Tenno aus kann man auf dem *Sentiero del Salt* einen schönen Spaziergang nach *Canale di Tenno* unternehmen, einem mittelalterlichen, herausgeputzten Ort.

Fährt man noch ein paar Kilometer weiter ins Gebirge, kommt man zum Lago di Tenno, einem dunkelgrünen Gebirgssee mit kleinem Badestrand. Wer über Nacht bleiben möchte, steigt im *Clubhotel Lago di Tenno (39 Zi. | Tel. 04 64 50 20 31 | Fax 04 64 50 21 01 | www.clubhoteltenno.com | €€)* ab.

TORBOLE

[124 C3] Torbole ist der jüngste Ort am See. Mit historischen Daten hat das jedoch nichts zu tun – in Torbole treffen

sich die sportlichen, jüngeren Leute und von diesen hauptsächlich die Surfer. Die Winde des Gardasees haben für Anspruchsvolle hier hervorragende Bedingungen zu bieten. In den Pubs des kleinen Orts geht auch abends noch ganz schön was ab, am Wochenende bis in die Morgenstunden.

Die Doppelgemeinde Torbole-Nago (2300 Ew.) gehört zum Trentino. Den schönsten Blick auf den See hat, wer die Straße von Nago herunterfährt und bei den eiszeitlichen Gletscherhöhlen, den *Marmitte dei Giganti,* auf dem Parkplatz in der Haarnadelkurve anhält.

SEHENSWERTES

CASA BEUST

In dem markanten roten Haus am Hafen trafen sich früher Künstler, der deutsche Maler Johannes Lietzmann gründete um die vorletzte Jahrhundertwende sogar eine Schule für Aktmalerei.

ESSEN & TRINKEN

CASA BEUST

Dass die winzige *spremuta* (frisch gepresster Orangensaft) 3,50 Euro kostet – das ist eben der Aufpreis, wenn man den besten Platz ergattern will, um den Surfern zuzusehen. Die Fischgerichte haben aber normale Preise. *Mi geschl.* | *Via Benaco 13* | *Tel. 04 64 50 55 76* | €€

CA' ROSSA

Das rustikale Lokal liegt auf der anderen Seite der Sarca, im Ortsteil Linfano. Besonders gut ist der im Brotteig gebackene Fisch. *Mi geschl.* | *Via Linfano 45* | *Tel. 04 64 50 58 58* | €–€€

HOTEL CENTRALE

Hier wird richtig gut gekocht, sei es Fisch oder einfach nur Pizza. Hübsch sitzt man hier zudem unter einer großen Markise mit Blick auf die Piazza. *Mi geschl.* | *Piazza Vittorio Veneto 12* | *Tel. 04 64 50 52 34* | *www.hotelcentraletorbole.it* | €€

SURFERS GRILL

Die hungrigen Surfer müssen es ja wissen: Sie belagern dieses Restaurant, in dem es – der Name ist Programm – hauptsächlich Grillspezialitäten gibt. *Mo geschl.* | *Via Sarca Vecchio 5* | *Tel. 04 64 50 59 30* | *www.surfersgrill.it* | €€

LA TERRAZZA

Dieses feinere Restaurant hat zwar auch über Mittag geöffnet, aber am schönsten ist es dort abends. Zu den (leider nicht ganz billigen) Fischspezialitäten gibt es den wunderbaren Sonnenuntergang gratis dazu. Rechtzeitig reservieren! *Di geschl.* | *Via Benaco 14* | *Tel. 04 64 50 60 83* | *www.allaterrazza.com* | €€€

VILLA CIAN

Hier trifft sich ein eher junges Publikum zu Pizza und Pasta und natürlich zu dem genialen Seeblick. Viel Partylife. *Di geschl.* | *Via Foci del Sarca 11* | *Tel. 04 64 50 50 92* | *www.villacian.it* | €€

ÜBERNACHTEN

CAMPING

Da Surfer ihr Geld lieber in ein neues Brett als in ein teures Bett stecken, reisen viele mit Wohnmobilen oder Zelt. Daher gibt es in Torbole einige Campingplätze, z. B. *Europa (Tel.*

04 64 50 58 88) sowie die einfachen Plätze *Al Cor (Tel. 04 64 50 52 22)* und *Al Porto (Tel. 04 64 50 58 91 | www.campingalporto.it)*.

CARAVEL

Das große Hotel gibt es schon seit bald drei Jahrzehnten, vor Kurzem wurde es elegant renoviert. Schön sind die Zimmer im oberen Stockwerk, manche mit Seeblick. *75 Zi. | Via Coize 2 | Tel. 04 64 50 57 24 | Fax 04 64 50 59 35 | www.caravelhoteltorbole.it* | €€–€€€

GEIER

Hier wohnen Sie direkt am einstigen venezianischen Hafen. Hinter dem Haus liegt ein kleiner, ruhiger Garten. *37 Zi. | Via Benaco 15 | Tel. 04 64 50 51 31 | Fax 04 64 50 59 46 | www.hotelgeier.com* | €€

LIDO BLU

Vom See aus kann man die perfekte Lage des Hotels bei der Sarcamündung direkt am Strand am besten bewundern. Kein Wunder also, dass hier die Surfer gerne absteigen. Schwimmbad und Sauna im Haus. *40 Zi. | Via Foci del Sarca 1 | Tel. 04 64 50 51 80 | Fax 04 64 50 59 31 | www.lidoblu.it* | €€€

CLUBHOTEL LA VELA

Wer hier wohnt, möchte sich nicht nur auf dem Brett schinden. Das Angebot (Pool, Wassermassage und Sauna) spricht Sportler an, die den Luxus lieben. Das Hotel bietet auch Wohnungen. *39 Zi. | Via Strada Grande 2 | Tel. 04 64 50 59 40 | Fax 04 64 55 42 49 | www.lavelahoteltorbole.it* | €€–€€€

VILLA CLARA

Das Hotel garni liegt 200 m vom Strand und Zentrum entfernt. Einfache Zimmer, Fitnessraum, kleiner Garten, Stellplätze für Bikes, Surfbretter und eine Garage für Motorräder. *24 Zi. | Via Matteotti 13 | Tel. 04 64 50 51 41 | Fax 04 64 54 89 13 | www.villaclara.it* | €

SPORT & STRÄNDE

BADEN

In der Nähe des Ortskerns beginnt ein langer, freier Kiesstrand, der sich bis zur Sarca hinzieht.

FAHRRADVERLEIH

Carpentari Sport (Via Matteotti 16 | Tel. 04 64 50 55 00 | www.carpentari.com); 3-S Bike Scott Tour and Test Center (Via Matteotti 25 b | Tel. 04 64 50 60 77 | www.3S-bike.de); bikeXpress (Uwe Schünke | Mobiltel. 34 08 79 30 93 | www.lagobikexpress.com); ▶▶ *Mecki's Bike & Coffee (Via Matteotti 5 | Tel. 04 64 54 80 51 | www.mecki.com)*

SURFEN

Kurse und Brettverleih beim *Windsurfing Center Conca d'Oro* am Yachthafen *(Tel. 04 64 50 62 51 | www.windsurfconca.com)*, bei *Surf-Segnana (Foci del Sarca | Tel. 04 64 50 59 63| www.surfsegnana.it)* und bei *Vasco Renna Surf (Tel. 04 64 50 59 93 | www.vascorenna.com)* am Yachthafen.

WANDERN

Ein abenteuerlicher Wanderweg führt oberhalb von Torbole am Ufer entlang in rund drei Stunden nach Süden bis Tempesta. Mit Eisenleitern und

Insider Tipp

Spektakulärer Bau für zeitgenössische Kunst: Museo di Arte Moderna e Contemporanea Rovereto

Treppen am Fels ist er zwar kein richtiger Klettersteig, aber schwindelfrei sollten Sie schon sein. Zurück geht es mit dem Linienbus.

AM ABEND

Die Surferszene trifft sich am frühen Abend an den ▶▶ Straßentischen der Piazza Vittorio Veneto. Später zieht man durch die Bars des Orts. Im Diskopub *Conca d'Oro (Do–So 22–4 Uhr | Lungolago Verona 2)* gibts jeden Freitag Livemusik.

AUSKUNFT

Lungolago Verona 19 | Tel. 04 64 50 51 77 | Fax 04 64 50 56 43 | www.gardatrentino.it

ZIELE IN DER UMGEBUNG

MONTE BRIONE [124–125 C–D3]

Der mächtige, 376 m hohe Kalkriegel trennt Torbole und Riva. Wanderwege führen hinauf. Der merkwürdigste Aussichtsplatz über den Gardasee ist dort oben: ein Bunker, den 1860 die Österreicher bauten.

NAGO [125 D3]

Im an Torbole anschließenden Nago geht es links beschildert zum Castello, der Ruine von *Schloss Penede.* Es wird zurzeit renoviert, man kommt nicht hinein, hat aber von hier aus eine tolle Aussicht.

ROVERETO [125 E-F3]

In das Städtchen (34 000 Ew.) im Etschtal lockt ein in zweierlei Hinsicht hochmodernes Museum: Im ★ *Museo di Arte Moderna e Contemporanea di Trento e Rovereto MART (Di–So 10–18, Fr bis 21 Uhr | Corso Bettini 43 | www.mart.trento.it)* wird hauptsächlich italienische moderne Kunst des 20. und 21. Jhs. gezeigt. Der Bau stammt vom Tessiner Stararchitekten Mario Botta.

> ALTSTADTGASSEN UND VERGNÜGUNGSPARKS

Die „Olivenriviera" am venetischen Uferabschnitt könnte ebenso gut Weinriviera heißen

> Beim viergeteilten See beginnt das Ostufer dort, wo die Autofähre anlegt, in Torri del Benaco, und erstreckt sich über Garda, Bardolino und Lazise bis an den Südostzipfel bei Peschiera. Olivenriviera wird dieser Teil des Sees genannt.

So weit das Auge reicht, flirren die silbrigen Blätter im goldenen Sonnenlicht. Und wo gerade keine Olivenbaumplantage mit Trockenmäuerchen und Steinterrassen angelegt wurde, wächst bestimmt eine Weinrebe. Genau genommen werden die Olivenbäume sogar immer weniger, denn die Ernte ist so mühsam, dass sich kaum noch junge Leute finden, die diese Arbeit machen möchten.

In den Sechzigerjahren flutete der Strom der schon damals vorwiegend deutschen Touristen gen Süden. In manch einfacherem Hotel kann man noch nachempfinden, wie der Urlaub vor 40 Jahren in Italien gewesen sein muss.

Bild: Weinbaugebiet Bardolino

OSTUFER

Selbstverständlich finden Sie heute an der Olivenriviera auch luxuriöse Unterkünfte. Nicht in alten Grandhotels, wie am gegenüberliegenden Ufer, sondern in modernen Anlagen, die dafür über Swimmingpools und Beautyfarmen, Tennisplätze und Zimmer mit riesigen Bädern verfügen. Um so zu wohnen, müssen Sie allerdings den Ortskern verlassen. Denn die Städte am Ufer sind zu klein, um Platz für solche Hotels zu bieten. Torri del Benaco gruppiert sich dicht um den alten Hafen, Garda geht schon etwas mehr in die Breite. Bardolino ist der größte Ort hier; das kleine Seedorf Lazise bildet den geruhsamen Abschluss der Gardesana Orientale.

Die flachen Strände haben schon immer Familien angezogen. Im Süden entstanden riesige Vergnügungsparks, der bekannteste (aber nicht der einzige) ist Gardaland.

BARDOLINO

KARTE IN DER HINTEREN UMSCHLAGKLAPPE

[128 C3] **Wer nur einen Ort am Gardasee kennt, kennt vermutlich Bardolino; hier hat der deutsche Tourismus Tradition.** Und auch, wer den Gardasee gar nicht kennt, hat diesen Namen vielleicht schon gehört: Schließlich heißt so auch der Wein, der in der sanften Hügellandschaft hinter dem Ort angebaut wird. Bardolino liegt am südlichen Ostufer. Dieser Landstrich war schon zur Bronzezeit besiedelt. Die Römer gründeten eine Stadt, im Mittelalter war Bardolino eine freie Gemeinde, dann herrschten die Scaliger. Die Altstadt von Bardolino (6200 Ew.) ist größer als die der anderen Orte der Olivenriviera, breite Gassen kreuzen sich, die Geschäfte sind fast bis Mitternacht geöffnet. Tag und Nacht – ausgenommen die Siesta in der Mittagshitze – strömen Menschenmassen durch die Altstadt. Auf der ★ *Piazza Giacomo Matteotti,* die sich von der Pfarrkirche zum See hinunterzieht, brodelt das Leben.

Olivenölmuseum Cisano: uralte Pressen und jungfräuliches Öl

SEHENSWERTES

MUSEO DELL'OLIO DI OLIVA

2 km südlich in Bardolinos Ortsteil Cisano können Sie im Olivenölmuseum nicht nur gute Ware kaufen, sondern sich auch umfassend darüber informieren, wie Olivenöl hergestellt wird. Nicht verpassen: das Video (auch auf Deutsch)! *Mo–Sa 9–12.30 und 14.30–19, So 9–12.30 Uhr | Via Peschiera 54 | www.museum.it*

MUSEO DEL VINO

Eigentlich ist es ein Trick: Eine Kellerei sammelt alte Weinpressen und Abfüllanlagen, demonstriert so die Weinherstellung und nennt das Ganze Weinmuseum. Im Grunde steckt dahinter einfach eine Kellerei mit Verkostung – interessant ist es trotzdem. *Mitte März–Okt. Mo–Fr 9–13 und 14–19, Sa/So 9–13 und 14–18 Uhr* | *Via Costabella 9* | *www.zeni.it*

SAN SEVERO ★

Die kleine romanische Kirche liegt an der Durchfahrtsstraße. Der Bau ist auf die ältere Krypta aus dem 8. Jh. aufgebaut, zu sehen sind auch Fresken aus der ersten Hälfte des 12. Jhs.

ESSEN & TRINKEN

AL COMMERCIO

Im hübschen Innenhof gibt es viel Fisch vom Grill, frische Salate, die nicht nur aus geraspelten Möhren bestehen, und die Weinkarte ist auch umfangreich genug. *Di geschl.* | *Via Solferino 1* | *Tel. 04 57 21 11 83* | €€

CAFÉ ITALIA

So ein Lokal hat Bardolino gefehlt! Auf der Piazza sitzt man schick und schaut, drinnen treffen sich die – jungen – Einheimischen. Zur großen Weinauswahl lokaler Produzenten werden kleine Speisen gereicht, Polenta, Aufschnitt- und Käseplatten, *caprese* (Tomaten mit Mozzarella) und auch Früchte. *Mo geschl.* | *Piazza Principe Amedeo 3–4* | *Tel. 04 57 21 15 85* | €

LA FORMICA

In diesem kleinen Restaurant in der Ortsmitte gibt es hausgemachte Pasta, etwa mit *ragù* (Fleischsauce) oder Trüffeln, außerdem große Salate. Ohne Seeblick, daher ruhiger. *Mo geschl.* | *Piazza Lenotti 11* | *Tel. 04 57 21 17 05* | *www.laformica.vr.it* | €€

IL GIARDINO DELLE ESPERIDI

Das Restaurant in der Altstadt ist immer noch eine führende Adresse. Mittlerweile mit einer angegliederten *enoteca,* in der auch Weinproben stattfinden. *Mi-Mittag und Di geschl.* | *Via Mameli 1* | *Tel. 04 56 21 04 77* | €€€

DA MEMO

In dieser ruhigeren Ecke der Altstadt sitzt man draußen so angenehm wie in dem Gebäude aus dem 16. Jh. Eine

MARCO POLO HIGHLIGHTS

★ Piazza Giacomo Matteotti
Nachtschwärmer lieben die Piazza von Bardolino (Seite 50)

★ San Severo
In der romanischen Kirche an der Hauptstraße von Bardolino sind Fresken aus der ersten Hälfte des 12. Jhs. zu sehen (Seite 51)

★ Punta San Vigilio
In der Bucht kann man zum Luxuspreis baden, etwas weniger kostet der Cappuccino im kleinen Hafen (Seite 58)

★ Arena di Verona
Die größten italienischen Opern in volkstümlicher Atmosphäre unter freiem Himmel in Verona (Seite 63)

der Spezialitäten sind in Folie gebackene Felchen, leckere Süßwasserfische. *Mo geschl. | Piazza Statuto 15 | Tel. 04 57 21 01 30 | €€*

ge Tropfen angeboten, es gibt aber auch ordentliche, preiswerte Alltagsweine. *Via Santa Cristina 1 | www.lenotti.com*

Ein Besuch beim Winzer gehört für Weinfreunde, die in und um Bardolino unterwegs sind, dazu

EINKAUFEN

Insider Tipp

LA BARCHESSA ARTE

Im Palazzo Rambaldi lockt diese angesagte Location das junge Publikum an: Es ist zugleich eine große Galerie, eine Bar und ein Concept-Store mit Designerwaren. *Via San Martino 28 | www.labarchessa-arte.com*

CANTINE LENOTTI

Der Familienbetrieb keltert schon seit 1906. Unter der Markenbezeichnung „Le Selezioni di Lenotti" werden exzellente, natürlich nicht ganz billige Tropfen angeboten, es gibt aber auch ordentliche, preiswerte Alltagsweine. *Via Santa Cristina 1 | www.lenotti.com*

MARKT

Jeden Donnerstag ist Markt auf der Piazza bei der Kirche – einer der größten am See.

ÜBERNACHTEN

CAESIUS THERME & SPA RESORT

Dieses exklusive Wellnesshotel im Ortsteil Cisano bietet ein Hallenschwimmbad, einen großen Pool im Freien und verschiedene Ayurvedaanwendungen. *185 Zi. | Via Peschiera 1 | Tel. 04 57 21 91 00 | Fax 04 57 21 97 00 | www.hotelcaesiusterme.com | €€€*

CISANO
Gleich mehrere Pools stehen auf dem Campingplatz zur Auswahl, und das, obwohl er direkt am See liegt. *Ortsteil Cisano | Via Peschiera 48 | Tel. 04 56 22 90 98 | Fax 04 56 22 90 59 | www.camping-cisano.it*

PENSION MILANI
Die Zimmer sind zwar sehr einfach, und einige haben auch nur Duschen auf dem Gang, doch billiger werden Sie in Bardolino kaum wohnen können – und sauber ist es auch. Bekannter als die Pension ist das gleichnamige Restaurant im Haus; hier gibt es vor allem Fisch. *12 Zi. | Via San Colombano 11 | Tel. 04 56 21 11 11 | Fax 04 56 22 83 45* | €

HOTEL QUATTRO STAGIONI
Ein recht großes Hotel, familiär geführt. Besonders beliebt, seit vor einigen Jahren in den Garten ein Pool eingebaut wurde – so zentral in der Altstadt findet man das sonst nicht. *36 Zi. | Borgo Garibaldi 23 | Tel. 04 57 21 00 36 | Fax 04 57 21 10 17 | www.hotel4stagioni.com* | €€–€€€

SAN VITO
Gut ausgestatteter Campingplatz mit riesigem Pool, allerdings nicht direkt am See. *Ortsteil Cisano | Via Pralesi 3 | Tel. 0456229026 | Fax 0456229059*

SPORT & STRÄNDE

BADEN
Im Ort selbst kann man schlecht baden, doch nördlich und südlich der Altstadt ziehen sich einige Strände am Ufer entlang. In Richtung Cisano gibt es einen schattenlosen Felsstrand mit Picknickplätzen auf dem Grünstreifen der Strandpromenade. Die dem Zentrum am nächsten gelegene Badegelegenheit ist die *Punta Cornicello.* Der kleine, freie Kiesstrand in der Nähe der Via Ugo Foscolo hat auch einen Kinderspielplatz. Geht man an der Punta Cornicello weiter Richtung Garda, zieht sich ein langer Strandbereich hin, der zu Fuß auf der Seepromenade zu erreichen ist. Der Eintritt ist frei, aber fast überall fällt das Ufer steil ab.

FAHRRADVERLEIH
Bici-Center | Via Marconi 60 | Tel. 04 57 21 10 53

AM ABEND

KONZERTE
Im Hochsommer wird jeden Mittwoch um 21.30 Uhr auf den Stufen

>LOW BUDGET

- An der Olivenriviera gibt es die kostenlose *Riviera Card.* Mit dieser bekommen Sie Vergünstigungen, etwa in Vergnügungsparks und Tiergärten, auf Schiffen und Fähren, für die Fahrt mit der Seilbahn und beim Eintritt in einige Museen. Fragen Sie im Hotel danach!
- Bergsport- und Outdoorbekleidung stark herabgesetzt finden Sie bei *Salewa-Outlet (Di–Sa 9–12.30 und 15–19.30 Uhr | Via 1° Maggio 26)* in Bussolengo.
- Ein Sammelticket für Museen, Kirchen, Sehenswürdigkeiten und öffentliche Verkehrsmittel in der Stadt ist die *Verona Card.* Die Karte für einen Tag kostet 8 Euro. Erhältlich ist sie in jedem Museum der Stadt.

der Kirche auf der Piazza Matteotti klassische Musik aufgeführt.

OSTERIA FRANCISCUS

Zahlreiche Tische im Freien, und so findet man meistens noch einen Platz, jedenfalls vor 22 Uhr. Dann füllt sich die Osteria langsam, vor allem mit einheimischem, jugendlichem Publikum. Das Essen spielt hier eine untergeordnete Rolle, es gibt Livemusik und Bier vom Fass. *Di geschl. | Via Verdi 11*

PRIMO LIFE CLUB

Obwohl man hier auch essen kann, wird es erst um Mitternacht richtig lebhaft. Sehr schön sitzt man auch auf der Terrasse auf dem Dach. *Fr–So 21–4 Uhr | Via Marconi 14*

Insider Tipp **LO STRAMBINO**

Hier treffen sich die nicht mehr ganz blutjungen Einheimischen vor oder nach dem Essen zu einem Glas Wein oder essen auch mal nebenher ein Stück Pizza. Preisgünstig, laut, rumsvoll und bis nach Mitternacht geöffnet. *Via Cavour 41*

AUSKUNFT

Piazzale Aldo Moro 5 | Tel. 04 57 21 00 78 | Fax 04 57 21 08 72 | www.comune.bardolino.vr.it, www.lagodigarda-e.it

ZIELE IN DER UMGEBUNG

STRADA DEL VINO **[128–129 C–D 3–5]**

Eine Route, die einer nicht so richtig wird genießen können: der Fahrer … Die Weinstraße beginnt etwas nördlich von Bardolino und führt über Affi, Pastrengo und Castelnuovo in Richtung Peschiera. Bei mehr als 40 Winzern und Produzenten kann man Wein einkaufen und verkosten. Hier einige Adressen, falls Sie nicht die ganze Straße abfahren möchten: *Ca' Bottura (Bardolino | Via San Colombano 51 | Tel. 04 57 21 17 70); Co-*

In der hübschen Altstadt von Garda warten zahlreiche Cafés auf Besucher

stadoro (Bardolino | Via Costadoro | Tel. 04 57 21 16 68); Ca' Vecia (Bardolino | Ortsteil Ca' Vecia | Tel. 04 56 21 23 21); Villabella (Calmasino | Ortsteil Ca' Nova 2 | Tel. 04 57 23 64 48); Canevini (Garda | Via degli Alpini 5 | Tel. 0457256248). www.winebardolino.it

UFERPROMENADE [128 C3]
In Bardolino und nach Süden hin ist die Seepromenade schick neu gestylt; man geht auf Holzplanken wie auf einem Schiff. Eine einstündige Wanderung führt am See entlang nach Garda. Es gibt viele Strände unterwegs, vergessen Sie die Badesachen nicht! Am Ortsausgang verlässt der Weg kurz das Seeufer und führt etwas landeinwärts weiter. Hier kommt man an einem einzelnen roten Haus vorbei, dem städtischen Seniorentreffpunkt. Das Haus war einst der Bahnhof, als noch eine Zuglinie von Verona nach Garda führte.

GARDA

[128 C3] Garda hat 3500 Ew. und zieht sich in der weiten Bucht zwischen der Punta San Vigilio und der Rocca entlang. In seiner hübschen, autofreien Altstadt flanieren Einheimische und Besucher gleichermaßen gerne. Am Ufer wartet ein Café neben dem anderen. Eng geht es in den Altstadtgassen zu, auf den Hauptachsen herrscht manchmal ziemliches Getümmel; aber biegt man einmal ab und geht ein paar Schritte weg von den Läden, entdeckt man noch ruhige Winkel. Abends wird es dann stiller, gemütlich sitzt man in den Cafés am Lungolago Adelaide.

SEHENSWERTES

PALAZZO DEL CAPITANO DELLA SERENISSIMA
Die gotischen Spitzbogenfenster verraten es: Der reizende Palazzo stammt aus venezianischer Zeit. Er war der Sitz des Beamten der „Serenissima", wie Venedig genannt wurde, der dem Rat der Uferstädte vorstand. Ursprünglich befand sich direkt davor der Hafen, doch das alte Becken wurde für einen Platz aufgeschüttet, auf dem sich nun die Fußgänger tummeln. *Piazza Catullo*

ROCCA DI GARDA
Das Wort Garda leitet sich vom germanischen *wardon* ab, das beobachten bedeutet, wie im Wort „Warte" noch zu erkennen ist. Und von dieser hohen Warte – der Felsen liegt 200 m über dem See – hat man einen guten Ausblick. Hinter der Pfarrkirche Santa Maria Maggiore führt ein ausgeschilderter Wanderweg

auf die Burg, von der nur noch wenige Mauerreste zu sehen sind.

SANTA MARIA MAGGIORE

Die Pfarrkirche Gardas liegt außerhalb der ursprünglichen Stadtmauern. Vermutlich war der langobardische Vorgängerbau aus dem 8. Jh. die Burgkapelle, denn die Kirche liegt

Am Ortseingang von Garda steht die Villa Albertini mit ihren markanten Zinnentürmen

direkt unterhalb der Rocca. Sehenswert ist der Kreuzgang aus dem 15. Jh. *Piazzale Roma 11* (Insider Tipp)

VILLA ALBERTINI

Die dunkelrote Villa am nördlichen Ortseingang mit ihren markanten, historisierend ghibellinischen Zinnentürmen ist nicht zu übersehen. Sie kann nur von außen besichtigt werden.

ESSEN & TRINKEN

AI BEATI

Insider Tipp

Das Restaurant liegt oben am Berg, man zweigt von der Straße nach Costermano beim Schild „Ai Beati" links ab. Der Blick ist traumhaft, und das Essen in der umgebauten Ölmühle ist viel besser, aber nur unwesentlich teurer als in den Lokalen unten am See. *Mi-Mittag und Di, Juli/Aug. Di-Mittag und Do-Mittag geschl.* | *Via Val Mora 57* | *Tel. 04 57 25 57 80* | *www.ristoranteaibeati.com* | €€€

RISTORANTE GIARDINETTO

Etwas abseits des Trubels isst man hier die besten Fischgerichte, etwa Spaghetti mit Hummer. *Tgl.* | *Lungolago Regina Adelaide 27* | *Tel. 04 57 25 50 51* | €€€

AL GRASPO
Hier geht es hektisch und sehr italienisch zu, die Kellner bringen unaufhörlich einen Gang nach dem anderen, hauptsächlich Meerestiere, und Wein bis zum Abwinken. Fixpreis 30 Euro. *Di geschl. | Piazzetta Calderini 12 | Tel. 04 57 25 60 46 | €€*

EINKAUFEN

MARKT
Jeden Freitagvormittag ist Markt entlang der Uferstraße *Lungolago Regina Adelaide.*

LA PESCHERIA
In der Fischerkooperative gibt es frischen Seefisch. *Nur vormittags | Via delle Antiche Mura 8*

ÜBERNACHTEN

PICCOLO HOTEL
Ganz versteckt in einer Ecke liegt das „Kleine Hotel", das am historischen Hauptplatz von Garda in einen alten Palazzo eingezogen ist. *10 Zi. | Piazza Catullo 11/12 | Tel. 0457255256 | www.piccolohotelgarda.it | €–€€*

TOBAGO
Ein ganz neues Wellnesshotel, viel Designinterieur, dazu ein großer, im Winter geheizter Außenpool. *18 Zi. | Via V. Bellini 1 | Tel. 04 57 25 63 40 | Fax 04 57 25 67 53 | www.gardahotelzaglio.com | €€€*

TRE CORONE
1860 wurde dieses Hotel als Poststation eröffnet, und schon im Baedeker von 1895 wird es erwähnt. Heute ist es ein Mittelklassehotel; Seeblick von vielen Zimmern. *26 Zi. | Lungolago Regina Adelaide 54 | Tel. 04 57 25 50 33 | Fax 04 57 25 50 36 | hoteltrecorone@tiscali.it | €€*

SPORT & STRÄNDE

BADEN
Nördlich von Garda befindet sich ein langer, schmaler Kiesstrand, beliebter Treffpunkt der einheimischen Jugend. Eintritt frei, kaum Parkplätze.

GARDACQUA
Eine Kombination aus Freibad, Wellnesscenter und exklusiver Freizeitanlage, bisher der einzige Komplex dieser Art am Gardasee. *Tgl. 10 bis 20 Uhr | Eintritt ab 11,90 Euro | Via Cirillo Salaorni 10 | www.gardacqua.it*

VESPAVERLEIH NOLEGGIO DUE RUOTE
Corso Italia 80 | Tel. 34 78 94 46 05

AM ABEND

CERCHIO APERTO ▶▶ Insider Tipp
In dieser Inlocation gibt es mal Livemusik, mal Ausstellungen, mal Jazz – ein ganz neues, buntes und beliebtes Café, in dem sich abends junge Einheimische treffen. *Tgl. | Piazza Calderini 1 | www.cerchioaperto.com*

PAPILLON
In dieser Music Bar gibt es unregelmäßig Livemusik. *Via delle Antiche Mura 26*

AUSKUNFT

Piazza Donatorti di Sangue 1 | Tel. 04 56 27 03 84 | Fax 04 57 25 67 20 | iatgarda@provincia.vr.it

ZIELE IN DER UMGEBUNG

EREMO DI ROCCA [128 C3]
Die Einsiedelei der Kamaldulenser, erbaut 1673, erreichen Sie in einer

einstündigen Wanderung von Garda (von der Rocca di Garda in einer Viertelstunde). Im Kloster wohnen heute acht Kamaldulensermönche.

ISOLA DEL GARDA [128 A–B2]
Die einzige größere Insel im Gardasee ist in Privatbesitz und war Besuchern lange Zeit verschlossen – nun aber kann man sie wieder besuchen. Dort sollen schon der hl. Franziskus, der hl. Antonius von Padua und der hl. Bernhard von Siena gelebt haben, möglicherweise sogar der berühmte Dante Alighieri. Die pittoreske Villa auf der Insel wurde Anfang des 20. Jhs. im neogotischen Stil erbaut. Im Park spaziert man unter exotischen Bäumen und zwischen riesigen Zypressen. Von Mai bis Oktober kann die Insel besichtigt werden, täglich fahren von verschiedenen Uferorten Schiffe hin, etwa freitags ab Garda und Bardolino *(Anmeldung obligatorisch | Tel. 32 83 84 92 26 | www.isoladelgarda.com | 27 Euro).*

ORTO BOTANICO DI MONTE BALDO [129 E1]
Dieser wunderschöne botanische Garten wurde anstelle eines alten Forstgartens errichtet. Auf die Einfuhr von Pflanzen aus anderen Breitengraden wurde verzichtet, es gibt nur heimische Arten. Damit will man der reichen Flora des Monte Baldo gerecht werden, der auch „Garten Europas“ genannt wird. Sie erreichen den Garten über Caprino Veronese und dann weiter nach Spiazzi, Ferrara di Monte Baldo und Novezzina (insgesamt ca. 20 km). *Mai–Sept. tgl. 9 bis 18 Uhr | Anmeldungen für Führungen (auch in deutscher Sprache) unter Tel. 04 56 24 70 65 | www.ortobotanicomontebaldo.org*

Insider Tipp

PUNTA SAN VIGILIO ★ [128 B3]
Die Halbinsel liegt gleich westlich von Garda. Ein großer Olivenhain säumt die reizende Bucht *Baia delle Sirene (www.parcobaiadellesirene.it),* dort können Sie baden zum Luxuspreis *(Eintritt 9 Euro).* Es gibt auch ein Kinderunterhaltungsprogramm *(Eintritt 4 Euro).* Nördlich davon gibt es einen freien Strand mit ziemlich vielen Felsen. 1540 errichtete der berühmte Festungsbaumeister Michele Sanmicheli auf der Landzunge die *Villa Guarienti-Brenzone.* Wer es sich

Wem die Nacht in der Locanda San Vigilio zu teuer ist, der gönnt sich vielleicht einen Drink

leisten kann, nächtigt in der *Locanda San Vigilio (7 Zi. | Tel. 04 57 25 66 88 | Fax 04 56 27 81 82 | www.locanda-sanvigilio.it | €€€)*. Bei kleinerem Geldbeutel kann man hier zumindest einen Cappuccino oder einen Campari trinken.

SAN ZENO DI MONTAGNA [128 C2]

Eine schöne Panoramastraße führt von Garda über Costermano ins 25 km nördlich gelegene Bergdorf San Zeno. Die Fahrt lohnt sich vor allem für diejenigen, die vorzüglich essen und trinken möchten, denn in der an einer Haarnadelkurve gelegenen *Casa degli Spiriti (Nov.–Feb. nur Fr–So, sonst tgl. | Straße Costermano–San Zeno di Montagna | Tel. 04 56 20 07 66 | www.casadeglispiriti.it | €€€)* ist das Essen vom Feinsten. Insider Tipp Wunderschön ist der Ausblick von Speisesaal und Terrasse hinunter auf den See; die Küche ist mehrfach ausgezeichnet. San Zeno ist kein beschauliches, abgeschiedenes Bergdorf, wie der weite Weg vermuten lässt, sondern ein Wintersportort. Übernachten können Sie z. B. im *Hotel Sole (Via Ca' Schena 1 | Tel. 04 57 28 50 01 | Fax 04 56 28 99 70 | www.albergosole.com | €)*, essen im *Albergo Ristorante Al Cacciatore (Mo geschl. | Prada Bassa | Tel. 04 57 28 51 39 | www.al-cacciatore.it | €)*.

LAZISE

[128 C4] **Das Dörfchen scheint sich gegen Besucher zu wehren: Der Altstadtkern von Lazise (1000 Ew.) ist noch vollständig umgürtet von der Stadtbefestigung von 1370, nur durch drei Stadttore gelangt man hinein.** Hier geht es bedeutend ruhiger zu als in allen anderen Orten am Ostufer. Umso reizender präsentiert sich die hübsche Altstadt mit der ungewöhnlich großen Piazza. Unter der Herrschaft der Venezianer war Lazise ein bedeutender Handelsort. Noch heute sichtbares Zeichen dieser Zeit ist das Zollgebäude am Hafen, von dem aus Venedig den Warenverkehr am See kontrollierte.

SEHENSWERTES

SAN NICOLÒ

Die Kirche aus dem 12. Jh. steht direkt am Hafen. Sie war säkularisiert und wurde zeitweise als Theater genutzt. Die schönen Fresken wurden restauriert und können heute wieder besichtigt werden.

SCALIGERKASTELL

Das Kastell stammt aus dem 12. und 13. Jh. und kann nur von außen besichtigt werden, da es sich heute in Privatbesitz befindet. Um den strategisch wichtigen Hafen von Lazise zu sichern, wurde das Scaligerkastell zeitweise auch als Festung benutzt.

STADTMAUER

Dass Lazises Altstadt fast vollständig ummauert ist, hat historische Gründe: Gegen die Macht der Mailänder baute Venedig seine Stellungen am Gardasee immer weiter aus.

CORTE OLIVO

Küche und Pizza gibt es hier, gegessen wird im schönen Innenhof direkt innerhalb der Stadtmauer. *Mo geschl. | Corso Cangrande 22 | Tel. 04 57 58 13 47* | €€

Lazises heute beschaulicher Hafen war zu venezianischer Zeit ein wichtiger Warenumschlagplatz

ESSEN & TRINKEN

AL CASTELLO

Ganz am Rand der Stadtmauer sitzt man hier in einem großen Innenhof und lässt sich Forelle vom Grill, Spaghetti mit Venusmuscheln und andere Spezialitäten schmecken, die von der schnellen und freundlichen Bedienung serviert werden. *Do geschl. | Via Porta del Lion 8 | Tel. 04 56 47 10 22* | €€

LA FORGIA

Küchenchef Omero Rossignoli hat sich in der „Schmiede" auf Fisch spezialisiert. Vom Grill, versteht sich: Offenes Feuer gehört sich schließlich für eine Schmiede. *Mo geschl. | Via Calle 1 | Tel. 04 57 58 02 87* | €€€

GIPI'S BAR

In dieser Bar sitzt es sich am entspanntesten, wenn man passend zum

Sonnenuntergang einen farblich abgestimmten Aperitif trinken möchte, einen orangefarbenen *spritz. Tgl.* | *Via F. Fontana 16*

EINKAUFEN

Insider Tipp

L'ARTE DEL BERE

Die „Kunst des Trinkens" heißt diese *enoteca*, ganz nach dem Motto: Das Leben ist zu kurz, um schlechte Weine zu verkosten. Die überzeugende Auswahl an guten Tropfen wird dem gerecht. *Via Cansignorio 8*

MARKT

Jeden Mittwochvormittag ist Markt am *Lungolago Marconi*.

ÜBERNACHTEN

CANGRANDE GARNI

Gediegen und ruhig wohnen die Gäste in diesem Palazzo an den mittelalterlichen Mauern Lazises. Zum Haus gehört die Weinkellerei Girasole. *23 Zi.* | *Corso Cangrande 16* | *Tel. 04 56 47 04 10* | *Fax 04 56 47 03 90* | *www.cangrandehotel.it* | €€€

IL GIARDINO DEGLI ULIVI

Von allen Zimmern hat man in diesem *agriturismo* einen schönen Blick auf den See, einen kleinen Pool gibt es außerdem – und das Olivenöl können Sie direkt beim Erzeuger kaufen. *8 Zi.* | *Via Fossalta 12* | *Tel. 04 56 47 10 38* | *www.ilgiardinodegliulivi.info* | €–€€

ALLA GROTTA

Bestechend ist die Lage direkt am kleinen Bootshafen. Feinschmecker schätzen das Alla Grotta wegen der wunderbaren Fischküche, doch man kann hier auch – einfacher, als die Karte erwarten ließe – übernachten. *14 Zi.* | *Via Fontana 8* | *Tel./Fax 04 57 58 00 35* | *www.allagrotta.it* | €–€€

PIANI DI CLODIA

In dieser Vier-Sterne-Campinganlage mit drei Pools werden auch Apartments sowie Stellplätze für Wohnmobile und Wohnwagen vermietet. *Via Fossalta 42* | *Tel. 04 57 59 04 56* | *Fax 04 57 59 09 39* | *www.pianidiclodia.it*

AGRITURISMO LE TESE

Dieses ruhig gelegene Haus ist besonders freundlich geführt, und zum Frühstück gibt es selbst gebackenen Kuchen. Rundum wird Wein angebaut, zumeist Bardolino. *3 Apartments* | *Colà di Lazise* | *Tel. 045 75 93 14* | *Fax 04 57 59 57 00* | *www.letese.it* | €€

SPORT & STRÄNDE

BADEN

Ein kleiner Strandstreifen zieht sich etwas südlich des Orts am See entlang.

FAHRRADVERLEIH

Verleih und geführte Touren: *Los Locos* | *Via Casara di Sotto 20* | *Tel. 04 57 58 13 49* | *www.loslocosbikeshop.com*

PARCO TERMALE DEL GARDA

Im Hinterland blubbert es warm aus der Erde: Im 37 Grad warmen, auch abends geöffneten Thermalsee in *Colà di Lazise* können Sie kuren. Im Park mit alten Bäumen und in der Villa dei Cedri gibt es abends Konzerte. *Tel. 04 57 59 09 88* | *www.parcotermaledelgarda.it*

AM ABEND

In Lazise geht es auch abends beschaulich zu. Da sitzt man an der großen *Piazza Vittorio Emanuele* und trinkt sein Gläschen Wein.

AUSKUNFT

Via Fontana 14 | Tel. 04 57 58 01 14 | Fax 04 57 58 10 40 | www.comune.lazise.vr.it

ZIELE IN DER UMGEBUNG

BORGHETTO DI VALEGGIO SUL MINCIO [0]

Nach einer gut halbstündigen Autofahrt am Mincio entlang kommen Sie nach Borghetto di Valeggio sul Mincio. Kurz bevor man ins Dorf hineinkommt, fährt man über eine Insider Tipp gigantische gemauerte Brücke, die als Staudamm konzipiert war. Die Mailänder Visconti stauten 1393 den Mincio. Der Fluss füllte einen Wassergraben um das venezianische Mantua. Fehlte dort das Wasser, so der Plan, wäre die Stadt leicht einzunehmen gewesen. In acht Monaten ließen sie den 600 m langen, 26 m breiten und 10 m hohen Damm errichten.

Zu den besten Lokalen der Region zählt die *Antica Locanda Mincio (Mi/Do geschl. | Tel. 04 57 95 00 59 | www.anticalocandamincio.it | €€€)*. Reservieren! Eine ganz einfache, ländliche Küche hingegen genießen Sie in der *Bottega Osteria Al Ponte (Mi geschl. | Via Buonarroti 24 | Tel. 04 56 37 00 74 | www.bottegaosteriaalponte.com | €–€€)*. Bis vor Kurzem nur ein Hinterzimmer im Lebensmittelgeschäft, fanden die Produkte der Region und die Küche der Familie Cressoni so viel Zuspruch, dass nun eine Osteria eröffnet wurde.

PARCO GIARDINO SIGURTÀ [128 C6]

Der 50 ha große Garten- und Naturpark 14 km südlich kann zu Fuß, per Rad oder mit einer kleinen Bimmelbahn besichtigt werden; oder Sie mieten sich eines der elektrisch betriebenen Dreiräder. *Mitte März–Mitte Nov. tgl. 9–19 (März, Okt., Nov. bis 18) Uhr | www.sigurta.it*

PESCHIERA DEL GARDA [128 C5]

Peschiera liegt 8 km südlich am südlichsten Zipfel des Gardasees. Hier befindet sich der Abfluss des Sees: Der Mincio schafft das Wasser, das die Sarca in Riva in den See führte, hinaus in den Po und weiter in die Adria. Der Mincio bildet die Grenze zwischen Venetien und der Lombardei. Ab 1516 gehörte Peschiera den Venezianern, sehenswert sind die venezianisch-österreichischen Festungen. Am Bahnhof von Peschiera halten viele Züge auf der Strecke Mailand–Venedig.

Hübsch flaniert es sich in den Altstadtgassen. Wenn Sie es beschaulich mögen, setzen Sie sich in der *Gelateria Centrale (Via Dante 21)* an die Tischchen zum Minciokanal. Übernachten können Sie im *Bell'Arrivo (27 Zi. | Piazzetta Benacense 2 | Tel. 04 56 40 13 22 | Fax 04 56 40 13 11 | www.hotelbellarrivo.it | €–€€)*. Gute Küche – Spezialität Aal – serviert das *La Torretta (Mi geschl. | Via Galilei 12 | Tel. 04 57 55 01 08 | €€)*. Am Rand der Altstadt lohnt ein Besuch der kleinen Insider Tipp *Osteria Goto (Do geschl. | Piazza Ferdinando di Savoia 2 | Tel. 04 59 23 30 14 | €€)*. Besonders gut gelingen der jungen Küchencrew die Nudelgerichte. Abends kommen hier gern jüngere Einheimische zum Essen.

VERONA [129 F5]

Wer genug hat von der reinen Urlaubs- und Strandatmosphäre und etwas Stadtluft schnuppern möchte, für den bietet sich eine Tour nach Verona an. Die 25 km östlich gelegene Stadt (255 000 Ew.) bietet Kulturdenkmäler von großer Bedeutung, aber auch eine Fußgängerzone, in der man prima shoppen kann.

Bevor Sie sich ins Auto setzen, um nach Verona zu fahren – wie wäre es mit einer Zugfahrt? Vom Süden des Sees ist das kein Problem. Von vielen anderen Gardaseeorten fahren Linienbusse nach Verona.

Verona war dank seiner Lage am Ende der Route über den niedrigsten Alpenpass, den Brenner, schon für die Römer eine bedeutende Stadt. Aus der Römerzeit stammt denn auch der berühmteste Bau, die ★ *Arena (Mo 13.30–19.30, Di–So 9–19, bei Opernaufführungen 9–15.30 Uhr | Piazza Bra, Kartenbüro Via Dietro Anfiteatro 6 b | Opernfestspiele Tel. 0458005151 | Fax 04 58 01 32 87 | www.arena.it).* Beginnen Sie hier den Stadtrundgang. Das römische Amphitheater aus dem 1. Jh. wurde durch Erdbeben im 12. Jh. stark beschädigt; von der Außenmauer stehen nur noch vier Arkaden. Die Arena kann tagsüber besichtigt werden, in vollem Glanz erstrahlt sie aber erst bei den berühmten Operninszenierungen. Premiere dafür war eine Aufführung der „Aida" zu Verdis 100. Geburtstag am 10. August 1913.

Wer keine Opernkarten bekommt, kann die Arena in Verona tagsüber besichtigen

Über die Via Roma gelangen Sie von der Arena zum *Castelvecchio (Di–So 8.30–19.30, Mo 13.45 bis 19.30 Uhr)*. Die ziegelrote Burg von 1534 ist das größte Bauwerk der Scaligerzeit. In der Burg werden wechselnde Ausstellungen gezeigt. Gehen Sie nun am besten am Hochufer der Etsch ein Stück flussaufwärts bis zur Piazza Portichetti. Das ist ein kleiner Extraschlenker, aber er führt Sie zu *San Zeno Maggiore,* der Lieblingskirche der Veroneser. Eine große Kostbarkeit ist das mit 48 Bronzeplatten verzierte Portal.

Nun auf demselben Weg zurück zur Arena. Vielleicht ist es Zeit für eine Erfrischung auf dem Hauptplatz? Biegen Sie an der Piazza Bra in die *Via Mazzini* ein, Veronas Einkaufsstraße schlechthin. Sie führt zur *Piazza delle Erbe.* Auf dem einstigen römischen Forum findet täglich ein Gemüsemarkt statt.

Weiter geht es auf die *Piazza dei Signori* mit den *Scavi Scaligeri:* In den Ausgrabungen werden regelmäßig Fotoausstellungen des Centro Internazionale di Fotografia gezeigt. Unweit davon finden Sie die *Scaligergräber:* Die gotischen Gräber des einstigen Herrschergeschlechts werden von lebensgroßen Reiterstatuen der Verstorbenen gekrönt.

In der nahen *Via Cappello 23* steht ein unscheinbares Haus aus dem 14. Jh., das nahezu jeder Veronabesucher besichtigen möchte, ganz egal, ob er Shakespeares berühmtes Drama „Romeo und Julia" kennt oder nicht: die *Casa Capuleti (Mo 13.30–19.30, Di bis So 8.30–19.30 Uhr),* wie das „Haus der Julia" offiziell heißt. Die rechte Brust der Julia-Statue im Innenhof zu berühren soll Liebesglück bringen. Der Julia-Balkon, der auf keiner Abbildung oder Postkarte fehlt, wurde allerdings erst 1940 an die Fassade montiert.

Insider Tipp

In der *Osteria Sgarzarie (Mo geschl. | Corte Sgarzarie 14 a | Tel. 04 58 00 03 12 | €€)* unweit der Piazza Erbe speist man unbehelligt vom Touristentrubel. In der *Trattoria Tre Marchetti (Mo-Mittag und So, Juli/Aug. Mo geschl. | Vicolo Tre Marchetti 19 b | Tel. 04 58 03 04 63 | www.tremarchetti.it | €€€)* wird Veroneser Küche serviert. Das Lokal zählt zu den besten der Stadt und wurde mehrfach ausgezeichnet. Wer über Nacht bleiben möchte: Die

Im Museum in Torri erfährt man, wie das Leben am See vor Beginn des Tourismus aussah

Locanda Catullo (9 Zi. | Via Valerio Catullo 1 | Tel. 04 58 00 27 86 | Fax 045 59 69 87 | locandacatullo@tiscalinet.it | €) ist ein gemütliches, zentrales Quartier.

Auskunft: *Piazza Bra | Tel. 04 58 06 86 80 | Fax 04 58 00 36 38; Piazza XXV Aprile | Tel. 04 58 00 08 61 | www.tourism.verona.it*

TORRI DEL BENACO

[128 C2] In Torri del Benaco (2600 Ew.) kommt man am schönsten per Schiff an – und das machen auch viele, da die Fähre von Maderno nach Torri del Benaco ein wirklich praktisches Verkehrsmittel ist, wenn man den See nicht halb umrunden möchte, um einen Ausflug ans gegenüberliegende Ufer zu machen. Von der Seeseite aus erkennt man am besten, wie dominant das Scaligerkastell den Ort bewacht. Genauer gesagt bewachte, denn heute kann es ohne weiteres eingenommen werden: In seinen Mauern residiert ein Volkskundemuseum. 1383 hatte der Scaligerherrscher Antonio della Scala die aus dem 9. Jh. stammende Festung zum Kastell ausbauen lassen. Im 20. Jh. wurde bei Renovierungsarbeiten am Kastell eine rosafarbene Marmorplatte gefunden, auf der in Reliefform eine Leiter mit fünf Sprossen – „Scala", das Wappen der Scaliger – dargestellt ist. Der Wappenstein ist im Museum ausgestellt.

Torri del Benaco ist einer der ruhigeren Orte am Ostufer, längst nicht so überlaufen wie die Nachbarorte Garda oder gar Bardolino. Der Hafen ragt weit in den Ort hinein, in dem ovalen Becken reihen sich kleine Fischerboote auf wie bunte Perlen an einer Kette. Vom Hafenbecken weg führen nur ein paar wenige Altstadtgassen, und dort ist oft erstaunlich wenig los. Die Landschaft im Rücken von Torri del Benaco ist nicht mehr so steil, der Monte Baldo ist hier etwas vom See zurückgesetzt, was den Ort offener erscheinen lässt.

SEHENSWERTES

MUSEO DEL CASTELLO SCALIGERO

Im Volkskundemuseum in den Räumen des Scaligerkastells erfährt man viel über das Leben der Gardaseebewohner vor Beginn des Tourismus, als Fischfang und Olivenanbau noch die Haupteinnahmequellen waren. Interessant sind auch die Säle über Bootsbau und Felszeichnungen in der Umgebung. Wer das Museum besichtigt, kann auch einen Blick in ein Zitronengewächshaus aus dem Jahr 1760 werfen. Es ist das einzige am Ostufer, das noch betrieben wird. Der Überlieferung nach sollen Franziskanermönche den Zitronenanbau an den Gardasee gebracht haben. *Juni–Sept. Di–So 9.30–13 und 16.30–19.30, April/Mai und Okt. 9.30–12.30 und 14.30–18 Uhr | Viale Fratelli Lavanda 2 | www.museodelcastelloditorridelbenaco.it*

Insider Tipp

SANTI PIETRO E PAOLO

Ungewöhnlich für Italien ist die große Kirchenorgel von 1744, die noch gespielt wird. Außerdem auffällig in der Barockkirche ist die Bronzestatue des ehemaligen Pfarrers Giuseppe Nascimbeni, der 1988 seliggesprochen wurde. Nascimbeni gründete in Torri einen karitativen Schwesternorden.

SANTISSIMA TRINITÀ
In der kleinen Kirche am Hafen, in der Ecke der Piazza Calderini, können Sie renovierte Fresken der Giotto-Schule bewundern.

ESSEN & TRINKEN

AL CAVAL
Seit Küchenchef Isidoro Consolini den spanischen Starkoch Ferran Adrià traf, wurde auch er von der Idee der Molekularküche angesteckt. Neu gedachte Gardaseeküche, wie es sie sonst noch nirgends gibt. *Mi und außer So mittags geschl. | Via Gardesana 186 | Tel. 04 57 22 50 83 | www.ristorantealcaval.com | €€€*

ALLA GROTTA
Auf roten Segeltuchstühlen sitzt man auf einer kleinen Holzterrasse über dem See. Auf der Karte: Seeküche. *Mo geschl. | Corso Dante Alighieri 57 | Tel. 04 57 22 58 39 | €€*

TRATTORIA LONCRINO
Nur 500 m vom Zentrum, im Ortsteil Loncrino, isst man hier in familiärem Ambiente einheimische Küche, trinkt den Hauswein und genießt von der Terrasse den Blick auf den See. *Di geschl. | Loncrino 10 | Tel. 04 56 29 00 18 | €–€€*

EINKAUFEN

ANTIQUITÄTENMARKT
Im Hochsommer schlägt donnerstags von 20 bis 24 Uhr in der Altstadt ein Antikmarkt seine Stände auf.

Insider Tipp **BELL'ARTE**
Die Deutschen Hilmar und Marika betreiben diese Galerie schon seit Jahren. Außer den üblichen Stillleben und Ölschinken haben sie etwas Ungewöhnliches im Programm: großformatige Bilder mit antiken Motiven, nach Art historischer Fresken gearbeitet, hergestellt von Restauratoren aus Florenz. *Via Dante Alighieri 94*

MARKT
Jeden Montagvormittag ist Markt entlang der Uferstraße.

ÜBERNACHTEN

GARDESANA
Schöner kann man in Torri nicht unterkommen, sofern man auf einen Swimmingpool verzichtet. Dafür wohnen Sie im ursprünglich als Rathaus gebauten Palazzo dei Capitani direkt am Hafen. *34 Zi. | Piazza Calderini 20 | Tel. 04 57 22 54 11 | Fax 04 57 22 57 71 | www.hotel-gardesana.com | €€–€€€*

AI SALICI
Der einfache Campingplatz liegt zwar auf der anderen Seite der Uferstraße, doch es gibt einen Tunnel zum Strand. *Via Pai di Sotto | Tel. 04 57 26 01 96 | www.campingaisalici.eu*

VILLA SUSY
Das kleine Hotel liegt ein paar Gehminuten vom Altstadtkern am See. Netter Strand, schön sind die Zimmer zum See – auf der anderen Seite rauscht der Verkehr auf der Gardesana. *14 Zi. | Via Gardesana 119 | Tel. 04 57 22 59 65 | Fax 04 57 22 50 22 | www.villasusy.com | €€*

SPORT & STRÄNDE

BADEN
Am südlichen Ortsausgang gibt es einen langen freien Strand. Dort ste-

hen einige Weiden, sodass man nicht in der prallen Sonne liegen muss.

WANDERN

Tra gli Olivi i Tesori di Torri del Benaco, „Zwischen den Olivenbäumen die Schätze von Torri“, heißt ein Wanderweg zu neun kleinen Kirchen in der Umgebung; eine Broschüre gibts beim Fremdenverkehrsamt. Am besten einen ganzen Tag einplanen!

AM ABEND

Im Sommer gibt es in den Mauern des Kastells Openairkino.

AUSKUNFT

Viale Fratelli Lavanda | Tel./Fax 0457225120 | www.torridelbenaco.de

ZIEL IN DER UMGEBUNG

ALBISANO [128 C2]

Balkon des Garda taufte der italienische Dichter Gabriele D'Annunzio den Ort Albisano, der 2 km oberhalb von Torri am Bergrücken des Monte Baldo klebt. Urlauber, die es bequem lieben, können mit dem Auto hochfahren, wer sich hingegen die bezaubernde Aussicht richtig verdienen will, geht zu Fuß. Ausgeschildert ist der Wanderweg kurz nachdem er die Straße nach Albisano verlässt. Der Fußmarsch dauert höchstens 45 Minuten, allerdings geht es ziemlich steil bergauf. Tief durchatmen müssen Sie oben angekommen ohnehin – der Ausblick von der Terrasse der Pfarrkirche von Albisano hinab ins Tal ist atemraubend schön. Insider Tipp

Ein alter Palazzo direkt am Hafen, dazu frische Seeküche: das Albergo Gardesana

> RÖMISCHE RUINEN, SHOPPINGSTRASSEN, NIGHTLIFE

Um Desenzano und Sirmione sind Sie mittendrin im italienischen Leben

> Am Südufer des Gardasees treffen Sie auf zwei Extreme: Da ist zum einen das Städtchen Desenzano, ein lebhafter Ort voller Menschen. Ganz anders Sirmione, eigentlich ein kleines Dorf, dessen Gassen zwar tagsüber vom Stimmengewirr der vielen Besucher widertönen. Abends hingegen wird es hier geradezu beschaulich. Das Südufer des Gardasees ist in eine Landschaft gebettet, die mit der Atmosphäre der Städtchen im Norden nichts mehr gemeinsam hat. Desenzano liegt in einer weiten Bucht. Unnachahmlich romantisch ruht Sirmione: Auf einer langen, schmalen Halbinsel schiebt sich der Ort in den See. Die verwinkelte Altstadt gehört zu den Besuchermagneten. So anziehend der Süden des Gardasees heute für Besucher ist, so umkämpft war er früher. 1859 flossen Ströme von Blut auf den Schlachtfeldern von Solferino, als Italien gegen Österreich um die Einigung als Nationalstaat kämpfte.

Bild: Burg von Sirmione

SÜDUFER

DESENZANO

[127 D5] **Andere Orte mögen eine schönere Uferpromenade haben, doch die Mole von Desenzano ist nicht zu überbieten.** Insider Tipp Kein Wunder, dass sich hier zum Sonnenuntergang nicht nur Angler einfinden; das romantische Plätzchen wird auch von Liebespaaren besucht.

Desenzano ist mit mehr als 20 000 Ew. der größte Ort am Gardasee. Mit Stränden ist Desenzano nicht so reich gesegnet, dafür mit einem lebhaften Alltagsleben. In der großen Fußgängerzone lässt es sich gut einkaufen und bummeln, in den Cafés an der Piazza Matteotti können Sie stundenlang beim Cappuccino sitzen und dem Treiben zusehen. Und in den Bars am alten Hafen ist abends fast kein Platz zu bekommen. Freitag- und Samstagnacht ist bis Mitternacht in den Gassen der Fußgängerzone praktisch kein Vorankommen mehr: Junge

Leute aus dem Umkreis treffen sich hier, gestylt und flirtbereit. Nach dem Flanieren geht es weiter in die Diskotheken im Umland.

Eichenpflug aus dem 2. Jahrtausend (!) v. Chr. *Di–Fr 15–19, Sa/So 14.30 bis 19 Uhr | Chiostro di Santa Maria de Senioribus | Via T. Dal Molin 7 c*

So lebendig wie der ganze Ort präsentiert sich auch die Uferpromenade von Desenzano

SEHENSWERTES

CASTELLO

Nach Renovierungsarbeiten kann die Burg von Desenzano wieder besichtigt werden. Den kleinen Spaziergang wert ist die Aussicht, denn am flachen Südufer hat man sonst wenig Möglichkeiten, einen weiten Blick übers Land zu werfen. *April–Okt. Di–So 9.30–12 und 15.30–18 Uhr*

Insider Tipp

MUSEO CIVICO ARCHEOLOGICO G. RAMBOTTI

Untergebracht ist das Museum in einem Kreuzgang aus dem 15. Jh. – schon der ist sehenswert. Interessantestes Stück ist ein gut 2 m langer

SANTA MARIA MADDALENA

Die Hauptkirche Desenzanos ist ein Werk des Architekten Giulio Todeschini. Zu den Sehenswürdigkeiten zählen Gemälde von Zenone Veronese und Andrea Celesti. Berühmt ist Giambattista Tiepolos (1696–1770) „Letztes Abendmahl". *Piazza Malvezzi*

VILLA ROMANA

Der Schreiner Emanuele Zamboni dürfte einst wenig erfreut gewesen sein: Als er 1921 mit dem Bau seines Hauses beginnen wollte, stieß er bei Grabungen auf die Überreste eines 100 m² großen römischen Gutshofs. Interessant sind die Bodenmosaiken sowie die antiken Hohlraumheizungsanlagen, das römische Pendant zu heutigen Fußbodenheizungen. *Di–So 8.30–19.30 (Winter bis 16.30) Uhr | Via Crocefisso 22*

ESSEN & TRINKEN

RESTAURANT LA CONTRADA

Die ehemals kleine Osteria hat sich deutlich vergrößert. Die Karte blieb ähnlich mit Schwerpunkt auf lombardischer und venezianischer Küche und viel Seefisch. *Mi geschl. | Via Bagatta 12 | Tel. 03 09 14 25 14 | www.ristorantelacontrada.com* | €€€

GELATERIA CRISTALLO

Eine beliebte Bar am Abend – vielleicht liegt es an den netten Hollywoodschaukeln, aus denen man das nächtliche Treiben am alten Hafen verfolgen kann. *Via Porto Vecchio 12*

GELATERIA VIVALDI

Das Eis gehört zu den besten der Stadt – es werden nur Sahne und Milch von Biobetrieben verwendet. *Piazza Matteotti 9*

KAPPERI ★

Eine eher großstädtische Location, modern, laut, das liebt man in Desenzano. Im großzügigen Gastraum – und im hübschen Garten – wird dennoch ausgewählte Küche serviert. Es gibt auch Pizza, was ein jüngeres Publikum anzieht. *Di geschl. | Via Nazario Sauro 7 | Tel. 03 09 99 18 93 | www.kapperi.eu* | €€–€€€

SQUARE 16

Das schicke Lokal liegt gegenüber der Schiffsanlegestelle, auf die man vom Restaurant im 2. Stock einen guten Blick hat. Im Erdgeschoss trifft sich das jüngere Publikum eher auf ein Glas Wein bis nachts um 2 Uhr. *Di geschl. | Piazza Matteotti 16 | Tel. 03 09 12 04 92* | €€–€€€

DE' CORTE POZZI

In den Innenhof eines Palazzos ist diese junge *enoteca* eingezogen. Wen bei der Weindegustation der Hunger überkommt, der kann auch essen, etwa Steak vom Grill. *Tgl. | Via Stretta Castello 12 | Tel. 03 09 14 19 80* | €€

VIVI

Große Salate sind die Spezialität des einfachen Lokals, aber auch die großen Pizzen sind beim jungen Publikum beliebt. *Di geschl. | Piazza Matteotti 15 | Tel. 03 09 91 49 50* | €–€€

MARCO POLO HIGHLIGHTS

★ Restaurant Kapperi
In Desenzano: Küche wie im Edellokal, doch es gibt auch einfache Gerichte zu günstigen Preisen (Seite 71)

★ Grotte di Catullo
In Sirmione: keine Grotten, sondern Überreste einer römischen Villa mit Seeblick (Seite 74)

★ Scaligerkastell Sirmione
Auf römischen Fundamenten erhebt sich in Sirmione eine Wasserburg wie aus dem Bilderbuch (Seite 75)

★ Lido delle Bionde
Ein großer Kiesstrand in Sirmione mit flachem Wasser, Café und Tretbooten (Seite 77)

DESENZANO

EINKAUFEN

FRANTOIO DI MONTECROCE

Olivenöl frisch (und kalt) gepresst gibt es in dieser *azienda agricola* in Montecroce. *Viale E. Andreis 84* | *www.frantoiomontecroce.it*

MÄRKTE

Jeden ersten Sonntag des Monats – außer im August – gibt es einen Antiquitätenmarkt in der Altstadt, jeden Dienstagvormittag einen Markt an der Uferstraße.

IL LEONE DI LONATO

120 Läden haben sich zu diesem neuen Shoppingzentrum *(Di–So 9–22, Mo 13–22 Uhr)* zusammengeschlossen. *2 km von der Autobahnabfahrt Desenzano Richtung Castiglione delle Stiviere* | *www.illeonedilonato.com*

ÜBERNACHTEN

CAMPING

Desenzano hat drei Plätze: *Feriendorf Vo' (Via Vo' 4–9* | *Tel. 03 09 12 13 25* | *Fax 03 09 12 07 73* | *www.voit.it), San Francesco (Strada Vicinale San Francesco* | *Tel. 03 09 11 02 45* | *Fax 03 09 11 94 64* | *www.campingsanfrancesco.com), Italia (Via Zamboni* | *Tel. 03 09 11 02 77* | *Fax 03 09 11 08 32).* In der Valtenesi zwischen Desenzano und Salò finden Sie zahlreiche weitere Plätze. Informationen beim *Fremdenverkehrsamt San Felice del Benaco (Piazza Municipio 1* | *Tel./Fax 036 56 25 41).*

MAYER & SPLENDID

Das einstige Nobelhotel steht ganz vorne an der Promenade (und somit leider an der Durchgangsstraße). Der Putz bröckelt zwar von der Decke, aber wo kann man sonst für diesen Preis gleich beim Aufwachen durch Flügeltüren hinaus auf die glitzernde Wasserfläche blicken? *54 Zi.* | *Piazza Ulisse Papa* | *Tel. 03 09 14 22 53* | *Fax 03 09 14 23 24* | *www.hotelmayeresplendid.com* | €

HOTEL NAZIONALE

Das Hotel war eines der ältesten von Desenzano, nun ist es wohl das modernste. Kühl gestaltet, rüschenfreie

Wendig, flott und meistens ziemlich laut: die allgegenwärtige Vespa

Zone. *41 Zi. | Via Marconi 23 | Tel. 03 09 15 85 55 | Fax 03 09 14 12 47 | www.nazionaleonline.it* | €€–€€€

HOTEL PICCOLA VELA
In einem Park mit Olivenbäumen steht dieses Haus, das besonders durch sein freundliches Personal für sich einnimmt. Es gibt auch einen Pool im Garten. *43 Zi. | Via T. dal Molin 36 | Tel./Fax 03 09 91 46 66 | www.piccolavela.eu* | €€

PIROSCAFO
Schon seit Jahrzehnten führt die Familie Segattini dieses kleine Hotel am alten Hafen mitten in der Altstadt. *32 Zi. | Via Porto Vecchio 11 | Tel. 03 09 14 11 28 | Tel. 03 09 91 25 86 | www.hotelpiroscafo.it* | €€

SPORT & STRÄNDE

BADEN
Der *Lido di Padenghe* ist ein großer, freier Kies- und Sandstrand, der *Lido di Lonato* ein freier Strand mit feinem Kies. Die *Spiaggia Comunale,* ein sehr großer Kiesstrand, liegt nördlich von Desenzano. Zwischen Desenzano und der Halbinsel von Sirmione und Richtung Norden entlang der hügeligen Valtenesi finden Sie weitere Badegelegenheiten.

RADFAHREN
Insider Tipp
Beim Fremdenverkehrsamt gibt es eine Broschüre für Fahrradtouren mit GPS („Itinerari con il GPS"). Räder leihen können Sie bei *Bikes Girelli (Via Annunciata 5 | Tel. 03 09 11 97 97).*

TAUCHEN
Zwei Tauchzentren bieten in Desenzano ihre verschiedenen Dienste an: *Asso Sub Il Pellicano (Via Castello 1 | Tel. 030 91 44 49)* und *Orso Diving (Via Ramotti 1 | Tel. 03 09 12 08 09)*

AM ABEND

An Desenzano führt kein Weg vorbei, wenn man sich dem Saturday-Night-Fever hingeben will.

DEHOR
Aus dem Genux, ehemals Italiens größte Disko, wurde ein exklusiverer Laden. Geöffnet ist Di, Fr und Sa. *Von der Autobahnausfahrt Desenzano Richtung Castiglione delle Stiviere, nach 2 km rechts | Via Fornace dei Gorghi 2 | www.dehor.it*

LE PLAISIR
Diskothek mit wechselnden Themenabenden. *Via dei Colli Storici 179 | San Martino della Battaglia | www.mazoom.com*

AUSKUNFT

Via Porto Vecchio 34 | Tel. 03 09 14 15 10 | Fax 03 09 14 42 09 | www.provincia.brescia.it/turismo

ZIELE IN DER UMGEBUNG

SOLFERINO UND SAN MARTINO DELLA BATTAGLIA [127 D–E 5–6]
Die Gegend um den Gardasee war immer wieder Schauplatz erbitterter kriegerischer Auseinandersetzungen. Zu den schlimmsten gehörten die Schlachten von San Martino della Battaglia und Solferino. Beide Orte liegen einige Kilometer südlich von Desenzano. 1859 siegte hier das Risorgimento, die italienische Einigungsbewegung, gegen die Armee des österreichischen Kaisers Franz Joseph. In der Kirche *San Pietro* in

Solferino sind 7000 Schädel aufbewahrt und gemahnen an den Schrecken der Kriege. In San Martino ragt ein 74 m hoher *Gedenkturm* auf. In seinem Inneren erzählen Fresken die Geschichte des Risorgimento. *www.solferinoesanmartino.it*

SIRMIONE

KARTE IN DER HINTEREN UMSCHLAGKLAPPE

[127 E4] **Der Ort (6000 Ew.) liegt bezaubernd schön: Die auffällige Halbinsel ragt genau in der Mitte des Südufers nach Norden in den See.** Sirmione ist einer der bekanntesten Orte am Gardasee, zusätzlich zu den dort wohnenden Urlaubern und Kurgästen kommen unzählige Tagesausflügler. Kein Wunder, dass die hübschen Altstadtgassen oft hoffnungslos überlaufen sind. Ab der Fußgängerbrücke beim Scaligerkastell ist das historische Zentrum nur den Fußgängern vorbehalten, denn durch einen breiten Kanal, der am Kastell entlanggegraben wurde, ist die Altstadt zu einer Insel geworden.

Sirmione ist nicht erst in heutiger Zeit ein Magnet, schon zu Römerzeiten war es als Heilbad bekannt: Die fast 70 Grad heißen, schwefelhaltigen Quellen entspringen aus dem Seeboden 300 m nordöstlich der 4 km langen Halbinsel.

SEHENSWERTES

GROTTE DI CATULLO ★

Seit im 15. Jh. die Bezeichnung „Grotten des Catull" aufkam, werden die Reste einer römischen Villa so genannt, auch wenn umstritten ist, ob der römische Dichter wirklich hier an diesem reizenden Fleck lebte. Eine Besichtigung der großen Anlage lohnt sich aber allemal: Man kann stimmungsvoll unter Olivenbäumen spazieren und die umfangreichen Mauerreste besichtigen. Im Eintrittspreis inbegriffen ist der Besuch des

Die Piazza Carducci am Anleger von Sirmione ist abends ein beliebter Treffpunkt

Insider Tipp *Museums.* Hervorragend beschriftet – auch auf Deutsch –, gibt es einen guten Überblick nicht nur über die gesamte Anlage, sondern auch über die frühe Geschichte des Gardasees. *Di–Sa 8.30–19 (Winter bis 16.30), So 9–18 Uhr*

SCALIGERKASTELL ★

Mastino della Scala baute im 13. Jh. innerhalb der Ringmauern eine Wasserburg auf römischen Fundamenten. In der alten Festungsanlage am Eingang zur Altstadt finden manchmal Ausstellungen statt, aber auch ohne solch kulturelle Dreingaben gibt es im Kastell einiges zu sehen – steigen Sie auf den *Turm,* von dort sieht man schön über die Dächer der Altstadt. Wer jetzt eine Erfrischung braucht: Vor der Burg steht, seit Jahren schon, Insider Tipp ein schöner, alter Obststand, der frische Melonenhälften und Ananasviertel, Zitronenschnitze und Kokosschiffchen verkauft. *April–Sept. Di bis Sa 9–20, So 9–13, Nov.–März Di bis So 9–13 Uhr*

ESSEN & TRINKEN

AL PROGRESSO

Ein Lokal, das dem Fastfood in Sirmiones Gassen trotzt. Spezialität sind die *bavette al salmerino* mit Wodka und flambierte *gamberoni.* In der Saison im Sommer wird der frische Seefisch *lavarello* serviert. *Do geschl. | Via Vittorio Emanuele 18 | Tel. 030 91 61 08 | €€–€€€*

LA RUCOLA

Das Restaurant gehört zu der Vereinigung „Jeunes Restaurateurs d'Europe", hier wird anspruchsvoll und leicht gekocht. Insider Tipp Das monatlich wechselnde Menü orientiert sich an mediterranen Vorbildern. *Fr-Mittag und Do geschl. | Vicolo Strentelle 7 | Tel. 030 91 63 26 | www.ristorantelarucola.it | €€€*

LA SPERANZINA

In dieser „Antica Trattoria" gehören scharfe Spaghetti mit *peperoncino* und Thunfischtatar zu den Spezialitäten. Man genießt sie in einem ruhigen Garten mit Seeblick. *Nov. bis März Di geschl. | Via Dante 16 | Tel. 03 09 90 62 92 | www.lasperanzina.it | €€€*

OSTERIA AL TORCOL

Von der Hauptbesuchergasse Via Vittorio Emanuele geht man nur ein paar Schritte bergauf – und befindet sich in einer authentischen Weinstube. Kleine Gerichte gibt es auch, etwa eine vegetarische Lasagne. *Mi geschl. | Via San Salvatore 30 | Tel. 03 09 90 46 05 | €–€€*

SIRMIONE

EINKAUFEN

Die Altstadtgassen auf der Halbinsel sind eine einzige Ladenstraße mit einer großen Vielfalt.

MARKT

In der Altstadt gibt es keinen Wochenmarkt, dafür in den Ortsteilen *Colombare* (montags) und *Lugana di Sirmione* (freitags).

OUTLET

Outlet nennt sich in Italien heutzutage bald jeder dritte Laden, dieser jedoch ist wirklich einer: Hier gibt es italienische Designerkleidung stark reduziert, immer noch nicht billig, aber immerhin deutlich günstiger als normalerweise. *Via Vittorio Emanuele 74*

ÜBERNACHTEN

THE GARDA VILLAGE

Komfortabler und angenehmer Campingplatz am See mit dazugehörigem eigenem Badestrand. *Colombare | Via Coorti Romane 47 | Tel. 03 09 90 45 52 | Fax 03 09 90 45 60 | www.gardavillage.it*

>LOW BUDGET

- Außerhalb der Altstädte von Sirmione oder Desenzano, vor allem an den Durchfahrtsstraßen, findet man Mittagstischlokale mit *pranzo al lavoro,* meist ein Dreigängemenü für 10 Euro. Einfach, sehr italienisch und sättigend – eben das Mittagessen für Arbeiter.
- Direkt neben dem Tanzschuppen Dehor in Desenzano gibt es im Sommer eine Freiluftdisko von denselben Betreibern, *Papero & Fragole.* Hier ist der Eintritt frei!

GRIFONE

Von allen Zimmern haben Sie einen schönen Seeblick, und doch wohnen Sie in dem kleinen Haus in den Gassen der historischen Altstadt erstaunlich günstig. *16 Zi. | Via Bocchio 4 | Tel. 030 91 60 14 | Fax 030 91 65 48 | grifonesirmione@gmail.com* | €

DEGLI OLEANDRI

Schon beim Eintreten in die Lobby spürt man, dass das Hotel familiär geführt wird. An den Wänden des Treppenhauses hängen Gemälde, liebevoll ausgesuchte antiquarische Möbel prägen das Ambiente. *20 Zi. | Via Dante 31 | Tel. 03 09 90 57 80 | Fax 030 91 61 39 | www.hoteldeglioleandri.it* | €€

PACE

Von den Fenstern des Hotels am Hafen haben Sie einen wundervollen Blick über den See im Licht wechselnder Tageszeiten. *44 Zi. | Piazza Porto Valentino 5 | Tel. 03 09 90 58 77 | Fax 03 09 19 60 97 | www.pacesirmione.it* | €€

CAMPING SIRMIONE

Dieser Dreisternecampingplatz mit eigenem Badestrand liegt am nächsten an der Altstadt. *Colombare | Via Sirmioncino 9 | Tel./Fax 030 91 90 45 | www.camping-sirmione.com*

VILLA CORTINE PALACE HOTEL

Eines der schönsten Hotels von Sirmione. An die Villa, umgeben von einem wunderschönen Park, wurde leider ein Hotelklotz angefügt. *55 Zi. | Via Grotte 6 | Tel. 03 09 90 58 90 | Fax 030 91 63 90 | www.palacehotelvillacortine.it/* | €€€

Der lange Badesteg in Sirmione dient der Jugend als Liegewiese

Insider Tipp **VILLA PIOPPI**
Eine alte Villa am See außerhalb der Altstadt (15 Minuten zu Fuß). Sehr einfach, aber charmant und herrlich am See gelegen. *7 Zi. | Via XXV Aprile 76 | Tel./Fax 03 09 90 41 19 | €*

SPORT & STRÄNDE

BADEN
Einige frei zugängliche Kiesstrände finden sich am Südufer Richtung Peschiera. *Grotte di Catullo* ist ein freier, baumbestandener Strand unterhalb der Ausgrabungen, leider nur mit Tretboot oder Yacht zu erreichen. Der ★ *Lido delle Bionde* ist ein großer, flacher Kiesstrand am nordöstlichen Ende der Halbinsel. Es gibt ein Café und Tretboote. Ein weiterer freier Strand liegt bei der Scaligerburg.

THERMEN
Die heißen Quellen werden in die beiden öffentlichen Heilbäder sowie direkt zu den Kurhotels geleitet. Alle Kureinrichtungen gehören zur Gesellschaft *Terme e Grandi Alberghi (www.termedisirmione.com)*. Für jedermann öffentlich zugänglich sind das neue Wellnesscenter *Aquario (April–Okt. | Via Staffalo)* und das *Stabilimento Termale Virgilio (März bis Nov. | Via Alfieri)*.

WASSERSPORT
Windsurf-, Segel- und Kajakschule und Verleih: *Centro Surf Sirmione (Via Brescia 31 | Tel. 03 09 19 61 30 | www.centrosurfsirmione.it);* Surfschule: *Martini (Via Marolda 11 | Tel. 030 91 62 08);* Wasserskischule und Bootsverleih: *Bisoli (Via XXV Aprile 29 | Tel. 030 91 60 88 | www.bisoli.com)*

AM ABEND
Wer in Sirmione logiert, wird in der belebten Hauptader Via Vittorio Emanuele flanieren – so wie alle.

AUSKUNFT
Viale Marconi 2 | Tel. 030 91 61 14 | Fax 030 91 62 22 | www.sirmionehotel.com

> DIE GERUHSAME ECKE DES SEES

Am von den Italienern bevorzugten Westufer wird luxuriös gewohnt und köstlich geschlemmt

> Wo alles begann: 1880 kam der Deutsche Louis Wimmer ans Westufer des Gardasees und erkannte, dass es auch seinen Landsleuten hier gut gefallen würde. Er begann mit dem Bau des Grand Hotel Gardone und legte so den Grundstein für den Tourismus am Gardasee.

Nach und nach entstanden um die Wende zum 20. Jh. weitere Luxushotels, und statt Zitronengärten, Weinbergen oder Olivenhainen wurden herrliche Parks angelegt, deren alte Bäume bis heute den Charme dieser Region ausmachen. 1921 ließ sich der italienische Dichter Gabriele D'Annunzio hier nieder, ein Exzentriker und Dandy. Sein Haus, das Vittoriale degli Italiani, ist ein Museum und konserviert bis heute den Geist dieser Zeit. Der Geist wurde bald zum Ungeist – 1943 rief der Diktator Benito Mussolini im benachbarten Salò die faschistische „Repubblica Sociale Italiana" aus. Mus-

Bild: Blick auf Salò

WEST UFER

solini wohnte mit seiner Familie in der Villa Feltrinelli in Gargnano; seine Geliebte Claretta Petacci hatte er in der Villa Fiordaliso in Gardone einquartiert, heute ein edles Restaurant.

Am südlichen Westufer machen die Berge Platz, hier gibt es keine Tunnels mehr, die Uferstraße windet sich elegant am See entlang oder zieht sich dezent zurück, sodass die alten Fischerdörfer, die die Gemeinde Gargnano bilden, noch immer in aller Ruhe um ihre kleinen Hafenanlagen residieren. Wer hier Urlaub macht, sucht weder extreme Sportabenteuer wie im Norden oder Familienstrände wie im Osten, sondern will vermutlich geruhsam seinen Cappuccino am See trinken, der hier so breit ist, dass er bei diesigem Wetter wie ein Meer erscheint. Und abends wird geschlemmt, denn auch für die exzellente Küche ist dieser Uferstreifen berühmt.

GARDONE RIVIERA

[127 E2] **Die Cafés sind auch in der Hauptsaison nie überlaufen, ein freier Tisch findet sich allemal, man flaniert gemütlichen Schrittes am Lungolago – hier wird den Vorzügen der Muße gefrönt.** Das Schönste an Gardone sind seine Parks und Gärten. Wer vom Ufer die steilen Straßen und Wege hinaufgeht, spaziert im Schatten von alten Zypressen und Magnolien. Die Gärten und die hochherrschaftlichen Villen und alten Hotels sind Zeugen von Gardones großer Vergangenheit als Reiseziel. Am Lungolago D'Annunzio lässt es sich gut aushalten; dabei kann man fast vergessen, dass der eigentliche Ort gar nicht am See, sondern erhöht liegt. Gardone Sopra ist etwas ins Hintertreffen geraten. Doch hier liegen die Wurzeln des Dorfs, das 2500 Ew. zählt; die Häuser scharen sich um die Pfarrkirche San Nicola. Um diese führt ein schmaler Weg mit herrlichem Seeblick. Das Ziel schlechthin ist das Vittoriale degli Italiani, der Altersruhesitz des Dichters Gabriele D'Annunzio.

Insider Tipp

Ein Abenteuerspielplatz der Fantasie: André Hellers botanischer Garten

SEHENSWERTES

GIARDINO BOTANICO HRUSKA ★

Ursprünglich war dieser botanische Garten nur einer der vielen wundervollen Parks des Orts, doch seit ihn der österreichische Medienkünstler André Heller Ende der Achtzigerjahre gekauft hat, wurde er mehr: Zwischen riesigen Bäumen klappern Wasserspiele, in manchen versteckten Winkeln sieht man eine moderne Plastik von Keith Haring oder Mimmo Paladino. *März–Okt. tgl. 9–19 Uhr | Gardone Sopra | www.hellergarden.com*

MUSEO IL DIVINO INFANTE

Italienische Jesuskindfiguren aus drei Jahrhunderten, die 200 Skulpturen umfassende Sammlung ist einzigartig. *April–Juni und Sept. Fr–So 10 bis 18, Juli/Aug. Di–So 15–19, Dez. bis Mitte Jan. Di–So 10–18 Uhr | Via dei Colli 34 | www.il-bambino-gesu.com*

VITTORIALE DEGLI ITALIANI ★

Eine kuriose Ansammlung von Gebäuden. Gabriele D'Annunzio (1863 bis 1938) baute sich hier 1921 sein letztes Haus, in dem er bis zu seinem Tod lebte. Er vermachte es dem Staat als Nationaldenkmal. Zu sehen sind der Bug des Kriegsschiffs Puglia, D'Annunzios Auto und ein Flugzeug, mit dem der Dichter, der später die Faschisten unterstützte, im Ersten Weltkrieg Flugblätter über Wien abwarf. Im Park gibt es ein Freilichttheater, in dem im Sommer ein Stück des Autors aufgeführt wird. Im oberen Teil des Parks thront das faschistoide Mausoleum, im größten der Sarkophage ruhen seit 1963 die Gebeine des Dichters. Im *Park (Okt. bis März tgl. 9–17, April–Sept. 8.30 bis 20 Uhr)* des Vittoriale kann man herumstreifen, ins *Wohnhaus (April bis Sept. Di–So 9.30–19, Okt.–März 9–13 und 14–17 Uhr)* gelangt man nur mit Führung. Neu eröffnet wurde ein *Kriegsmuseum (April–Sept. Do bis Di 9.30–19, Okt.–März 9–13 und 14–17 Uhr)* in den Räumen des

Denkmal im Vittoriale degli Italiani

MARCO POLO HIGHLIGHTS

★ **Giardino Botanico Hruska**
André Hellers Traumgarten am Gardasee: moderne Plastiken versteckt in einem zauberhaften Park (Seite 80)

★ **Vittoriale degli Italiani**
Das Anwesen von Gabriele D'Annunzio in Gardone Riviera (Seite 81)

★ **Sant'Andrea Apostolo**
Die rosa, grau und weiß gestreifte Fassade der Kirche in Maderno ist unverwechselbar (Seite 84)

★ **Parco Fontanella**
Einer der größten freien Strände am Westufer in Gargnano (Seite 87)

★ **Schauderterrassen**
Die weit in den See ragenden Restaurantterrassen von Pieve (Seite 88)

★ **Uferpromenade Salò**
Mit Muße flanieren in Salò (Seite 89)

★ **Markt in Salò**
In Salò gibt es beinahe alles (Seite 90)

Wohnhauses, dafür wurde einiges aus dem Depot geholt, was an D'Annunzios kriegerische Taten erinnern soll. *www.vittoriale.it*

ESSEN & TRINKEN

AGLI ANGELI

Die Speisen von Enrico Pellegrini werden eleganter und immer raffinierter („Hamburger vom Hecht mit Bohnencreme"). Reservierung empfehlenswert! Zur Trattoria gehört das gleichnamige, jüngst hübsch erweiterte 16-Zimmer-Hotel. *Di geschl.* | *Gardone Sopra* | *Piazza Garibaldi 2* | *Tel. 036 52 09 91* | *Fax 036 52 07 46* | *www.agliangeli.com* | €€–€€€

BELVEDERE DA MARIETTA

Die Küche ist regional ausgerichtet, lecker sind die Nudeln und die Felchen. *Mi-Abend und Do geschl.* | *Via Montecucco 78* | *Tel. 036 52 09 60* | €€

Insider Tipp SANS SOUCI

Osteria und Pizzeria zugleich ist dieses charmante Lokal in einem Gewölbekeller. Richtig lecker sind die *primi,* etwa Risotto mit Radicchio, aber auch die krosse Pizza ist nicht zu verachten. *Mi geschl.* | *Vicolo al Lago 12* | *Tel. 036 52 03 74* | €–€€

EINKAUFEN

ANTIQUITÄTENMARKT

Ein kleiner Antikmarkt findet von Juni bis September jeden Samstag von 16 bis 23 Uhr an der Seepromenade statt.

MARKT

Jeden Freitag ist Markt auf dem Parkplatz beim Giardino Botanico.

ÜBERNACHTEN

COLOMBER

Das gemütliche Familienhotel in den Bergen hinter Gardone wurde umfangreich renoviert und hat jetzt einen ordentlichen Pool im Garten. Das ist praktisch, weil der See etwas weiter entfernt ist. *18 Zi.* | *Ortsteil San Michele* | *Via Val di Sur 111* | *Tel. 036 52 11 08* | *Fax 036 52 27 25* | *www.colomber.com* | €–€€

Im Hafen von Toscolano-Maderno legt die Fähre zur Seeüberquerung nach Torri del Benaco ab

HOTEL DIANA
Schnörkellose Zimmer, aber mit Balkon und Blick zum See, das Preis-Leistungs-Verhältnis stimmt. *18 Zi. | Lungolago Gabriele D'Annunzio | Tel./Fax 036 52 18 15 | www.hoteldianagardone.it | €*

SAVOY PALACE
Endlich hat sich jemand dieses wunderschönen alten Grandhotels angenommen, das auf eine 100-jährige Geschichte und viele berühmte Gäste zurückblicken kann. Die Hälfte der Anlage beherbergt Apartments, doch ein Hotel hat auch Platz gefunden. Der Standard ist hoch, der Blick wunderschön, ebenso der kleine Swimmingpool. *60 Zi. | Corso Zanardelli 2 | Tel. 03 65 29 05 88 | Fax 03 65 29 05 56 | www.savoypalace.it | €€€*

sider ipp

LE TRE GATTE
Das Bed & Breakfast liegt in einer ruhigen Gasse. Die Mutter der Besitzerin war Engländerin, deshalb erinnert die Einrichtung an ein britisches Landhaus. *4 Zi. | Vicolo Ars 10 | Tel. 03 65 29 04 40 | www.letregatte.com | €*

SPORT & STRÄNDE

CENTRO SPORTIVO LA TERRAZZA
Tennisplätze und Bocciabahnen. *Via Roma 53 | Tel. 036 52 21 23*

SPIAGGIA RIMBALZELLO
Die Anlage befindet sich am südlichen Ortsende. Eintritt: 5 Euro inklusive Sonnenschirm und Liege. Freie Strände sind an dieser Ecke des Sees rar; einen finden Sie bei der Villa delle Rose in Fasano und ein paar Quadratmeter beim Kasino in der Via Zanardelli.

AM ABEND

Gardone bietet eher Kultur als Nightlife. An wechselnden Abenden kann man an der Seepromenade Livemusik gratis genießen; im Vittoriale gibt es Theateraufführungen und Konzerte. Bei einem Drink gemächlich den Abend ausklingen lassen können Sie im *Caffè Wimmer (Piazza Wimmer 5)* oder in Gardone Sopra in der *Bar Le Rose (Piazza Caduti 19)*. Eine nette Vinothek ist das *Bacco Poeta (Piazza Caduti 22)*.

AUSKUNFT

Corso Repubblica 8 | Tel./Fax 036 52 03 47 | www.rivieradeilimoni.it

ZIELE IN DER UMGEBUNG

SAN MICHELE [127 D2]
Wer Lust auf etwas Bewegung hat, kann zu Fuß ungefähr eine Stunde von Gardone in den Ortsteil San Michele hochsteigen. Der Weg (ausgeschildert ab dem Vittoriale) kürzt die Serpentinen der Straße ab. Ein wunderbarer Aussichtsplatz ist die Terrasse des Hotelrestaurants *San Michele (Mo geschl. | 13 Zi. | Via San Michele 26 | Tel. 036 52 05 75 | €)*, das gute regionale Küche bietet.

TOSCOLANO-MADERNO [127 E2]
Die Doppelgemeinde (7000 Ew.) liegt wenige Kilometer nördlich am Ende des Toscolanobachs. An dessen Oberlauf finden Sie das sehenswerte Tal der Papierfabriken. Schon im 14. Jh. belieferten die Papiermühlen Europa, später sogar den Orient. Es gibt einen Spazierweg entlang der Ruinen und ein Museum *(www.valledellecartiere.*

it). Sehenswert ist die Kirche ★ *Sant'Andrea Apostolo* (1130–1150) in Maderno: Mit ihrer rosa, grau und weiß gestreiften Fassade ist sie unverwechselbar.

Auf Seefisch spezialisiert hat sich die *Hosteria Cavour (mittags und Mo geschl. | Maderno | Via Cavour 73 | Tel. 03 65 64 25 12 | €€).* Das *Ristorante San Marco (tgl. | Maderno | Piazza San Marco | Tel. 0365641103 | www.hsmarco.it | €€€)* ist ein nobles Restaurant unweit des Sees und folgt der Linie der Slowfoodbewegung mit regionaler Küche. Mittags Pizza gibt es bei *Cantinone (Maderno | Piazza San Marco 49 | Tel. 03 65 64 14 47 | €€).* Nachts geht man ins ▶▶ *Boccondivino (Via Cavour 71 | Tel. 03 65 64 35 12 | €€),* eine *enoteca,* die bis 2 Uhr geöffnet hat und in der sich jüngere Einheimische treffen. Das ansprechend renovierte *Hotel Milano (Lungolago Zanardelli 12 | Tel. 0365540595 | Fax 0365641223 | www.hotelmilanomaderno.com | €€–€€€)* liegt gerade weit genug entfernt von der Durchfahrtsstraße und verfügt über einen schönen Blick über den See sowie einen Pool. Ohne Seeblick logiert man im *Hotel Vienna (17 Zi. | Via Garibaldi 43 | Tel. 03 65 64 10 83 | Fax 03 65 54 71 75 | www.gardavienna.it | €)* in der Altstadt. Weniger eng als samstags in Salò geht es auf dem Donnerstags-

In den Barockgarten der Villa Bettoni-Cazzago kann man im Vorbeifahren einen Blick werfen

markt an der Hauptstraße in Toscolano zu. Auskunft in Maderno: *Via Sacerdoti, Ecke Strada Statale | Tel./Fax 03 65 64 13 30 | iat.toscolanomaderno@provincia.brescia.it*

GARGNANO

[127 F1] **Wenn Sie gerade genug haben von all den Tunneln am Westufer und aufatmen, den letzten hinter sich gelassen zu haben – dann sind Sie in Gargnano (3000 Ew.) angekommen.** Der Name bezeichnet eigentlich drei Hafenorte, hintereinander aufgereiht und einer lieblicher als der andere: zuerst der größte, Gargnano, mit einer kleinen Uferpromenade, dann folgen Villa und Bogliaco, um die die Gardesana herum- und nur je eine Einbahnstraße hineinführt. Bevor in den Dreißigerjahren des 20. Jhs. die Gardesana gebaut wurde, fuhr man mit dem Boot von einem Ort zum anderen.

Heute ist hier buchstäblich nichts los. Gerade deshalb ist dieser Uferstreifen bei seinen Stammgästen so beliebt. Wandern und Flanieren, Baden und Schlemmen, dazu kommt man hierher, auch abends geht alles seinen gemächlichen Gang. Aus dem Tritt kam Gargnano nur einmal für kurze Zeit: Während der faschistischen „Republik von Salò" hatte Mussolini seinen Wohnsitz hier in der Villa Feltrinelli.

SEHENSWERTES

SAN FRANCESCO

Das Kloster und die Kirche San Francesco in Gargnano wurden 1289 gegründet, original erhalten ist noch der Kreuzgang, ein romanisch-spätgotisches Kleinod.

VILLA BETTONI-CAZZAGO

Als die Gardesana Occidentale, die westliche Uferstraße, gebaut wurde, wurde wenig Rücksicht auf Kulturdenkmäler genommen. Und so durchschnitten die Straßenbauer gnadenlos einen der schönsten Barockgärten am See. Heutige Urlauber haben dadurch allerdings die Möglichkeit, einen Blick in den Park der Villa Bettoni-Cazzago im Ortsteil Bogliaco zu werfen. Besuchen kann man ihn immer Ende April, dann wird ein *Gartenmarkt (www.ilgiardinodidelizia.it)* mit ausgesuchten Pflanzen veranstaltet.

ESSEN & TRINKEN

AL BACCARETTO

Insider Tipp

Ganz am Ende der Promenade liegt diese kleine, untouristische Osteria, geführt von jungen Leuten. Es gibt Kleinigkeiten und dazu ausgesuchte Weine. *Mo geschl. | Lungolago Zanardelli 10 | Tel. 03 65 79 10 24 | €€*

MIRALAGO

Der Name stimmt, man sitzt unter Markisen vor der Sonne geschützt und schaut auf den See. Zu essen gibt es kleinere Speisen wie Rucolasalat mit Parmesan oder feine Fischgerichte. *Di geschl. | Lungolago Zanardelli 5 | Tel. 036 57 12 09 | €–€€*

OSTERIA DEL RESTAURO

Am Hafenbecken von Villa geht das Leben seinen ruhigen Gang. Wer das mag, sitzt in der Osteria genau richtig. Lecker sind die hausgemachten Tortellini und der würzige Speck *(lardo)* von den *antipasti. Mi geschl. | Ortsteil Villa | Piazza Villa 19 | Tel. 036 57 26 43 | €€*

GARGNANO

ALLO SCOGLIO
Hier isst man in einem hübschen Garten am See, das Haus selbst ist das ehemalige Pförtnerhäuschen der Villa Bettoni-Cazzago. Spezialität sind Fischgerichte. *Di geschl. | Bogliaco | Via Barbacane 3 | Tel. 036 57 10 30* | €€

EINKAUFEN

MARKT
Jeden zweiten Mittwoch gibt es einen kleinen Markt am Hafen in Gargnano.

ÜBERNACHTEN

Insider Tipp
ANTICA CASCINA LIANO
Ein Rückzugsort: Im Ortsteil Liano, auf 600 m, steht in bäuerlicher Umgebung dieses grundrenovierte Gebäude mit Holzbalkendecken und auch sonst rustikalem Interieur. Von diesem alten Bauernhof hat man einen weiten Blick auf den See. *6 Apartments Via Liano 1 | Tel. 036 57 28 70 | Fax 036 52 04 07 | www.cascinaliano.it* | €–€€

GARDENIA AL LAGO
Das Haus stammt aus den Zwanziger-, das Hotel aus den Fünfzigerjahren. In großen Zimmern wohnt man hier einfach, aber familiär betreut. Die Sonnenterrasse, der Garten und der Frühstücksraum sind ausgesprochen charmant, und es gibt einen winzigen Privatstrand. *25 Zi. | Ortsteil Villa | Tel. 036 57 11 95 | Fax 036 57 25 94 | www.hotel-gardenia.it* | €–€€

HOTEL DU LAC
Familie Arosio führt das Hotel in dritter Generation. Das Haus steht direkt am See. Schön: die alten Möbel in den meisten Räumen. *11 Zi. | Ortsteil Villa | Via P. Colletta 21 | Tel. 036 57 11 07 | Fax 036 57 10 55 | www.hotel-dulac.it* | €€

> BÜCHER & FILME

Verfolgungsjagden und Impressionen aus dem 20. Jh.

> **Italienische Dämmerung** – 1912 wanderte der englische Autor D. H. Lawrence über die Alpen nach Italien und mietete sich zusammen mit seiner Geliebten in Gargnano ein. Im Buch beschreibt er diese Tage am Gardasee.

> **Katastrophen mit Seeblick** – Bodo Kirchhoffs sechs anspruchsvolle Geschichten handeln alle von Menschen am See. Es sind keine heiteren Urlaubsstorys, sondern tiefgründige Erzählungen.

> **The International** – Tom Tykwers Bankenthriller spielt rund um den Globus, in einer Szene verschwindet ein Auto in einer Tunnelstraße an einem mediterranen See. Auch wenn der Film behauptet, das sei der Iseosee: Gedreht wurde am Gardasee.

> **Ein Quantum Trost** – Die Eröffnungsszene des James-Bond-Films wurde 2008 am Gardasee gedreht: eine Verfolgungsjagd durch die Tunnel der Gardesana. Dabei flog Filmtechniker Fraser Dunn mit dem Aston Martin in den See. In einer scharfen Kurve durchschlug das Auto die Leitplanke. Dunn konnte sich befreien und schwamm zum Ufer. Ein Kran hievte das 160 000 Euro teure Auto heraus; für die Abwrackprämie kam die Aktion indes zu früh.

LEFAY RESORT & SPA
Die neueste Fünfsterneanlage am See – grandios. Weit überm See gelegen, supermodern, Böden aus Olivenholz, großer Pool, 3000 m² großer Spa- und Wellnessbereich, Spitzenrestaurant. *90 Zi. | Via A. Feltrinelli 118 | Tel. 03 65 24 18 00 | Fax 03 65 24 18 99 | www.lefayresorts.com* | €€€

Ein Espresso im Schatten: Am Westufer geht auch das Urlaubsleben seinen ruhigen Gang

SPORT & STRÄNDE

BADEN
Ein freier Strand am nördlichen Ortsrand von Gargnano ist der ★ *Parco Fontanella*. Man liegt im Schatten unter Olivenbäumen, es gibt Tischtennis und Technomusik. Großer freier Parkplatz.

SURFEN
Die Surfschule *OK-Surf* am Strand des Parco Fontanella bietet Kurse und Brettverleih. *Tel. 03 65 79 00 12 | www.oksurf.it*

AM ABEND

Großen Trubel gibt es in Gargnano nicht, gerade deshalb schätzen die Stammgäste diesen Ort. Vielleicht gönnt man sich noch einen Eisbecher am See. Die größten und besten gibt es in der *Bar Azzurra (Piazza Zanardelli 9)*.

AUSKUNFT

Piazzale Boldini 2 | Tel. 03 65 79 12 43 | Fax 03 65 79 12 44 | www.gargnanosulgarda.it

ZIELE IN DER UMGEBUNG

CAMPIONE [124 B5]
Die ehemalige Baumwollspinnerei, ein Ortsteil von Tremosine 10 km

nördlich von Gargnano, wird ein Luxusresort mit 200 Wohnungen und zehn Villen. Die Ortsstruktur mit dem Arbeiterdorf steht unter Denkmalschutz und bleibt erhalten, der Kern wird Fußgängerzone, es wird eigene Bootsplätze für die Apartmenteigentümer, ein Hotel und ein Wellnesscenter geben – und eine Seilbahn auf die Hochebene. Die luxuriösen Apartments werden derzeit verkauft, wer eines der größten erwirbt, bekommt ein Frauscher-Boot dazu. *Tel. 03 65 91 60 04 | www.campionedelgarda.it*

MADONNA DI MONTECASTELLO [124 B5]

Die Einsiedelei ein paar Kilometer nördlich ist ein beliebtes Ausflugs- und Pilgerziel auf 700 m. Man hat einen wunderbaren Blick über den Gardasee und die Berge. *Mitte März bis Okt. tgl. 9–18 Uhr*

PIEVE [124 B5]

Tremosine mit dem Hauptort Pieve liegt knapp 20 km nördlich von Gargnano hoch über dem See. Angelockt werden Besucher von den ★ *Schauderterrassen*. Mit diesem Slogan wirbt das Hotel *Paradiso (22 Zi. | Tel. 03 65 95 30 12 | Fax 03 65 91 80 90 | www.terrazzadelbrivido.it | €€)*, dessen Terrasse tatsächlich ganz oben aufregend weit in den See hinausragt.

In der Nähe der Terrasse des Hotels *Miralago (7 Zi. | Tel. 03 65 95 30 01 | Fax 03 65 95 30 46 | www.miralago.it | €)*, in dem Sie direkt am Abgrund übernachten können, kann man auf einem schmalen Weg die scheinbar senkrechte Felswand hinunterwandern und kommt so wieder an die Uferstraße und zum Bus. Auskunft: *Piazza Marconi | Tel. 03 65 95 31 85 | Fax 03 65 91 86 70 | www.infotremosine.it*

Insider Tipp

An der autofreien Promenade von Salò lässt es sich wunderbar bummeln und shoppen

SALÒ

KARTE IN DER HINTEREN UMSCHLAGKLAPPE

[127 D2] **Die längste ★ *Uferpromenade* am See hat Salò seit gut 100 Jahren – nach einem Erdbeben 1901 wurde diese gebaut.** 2004 bebte die Erde wieder, es gab starke Schäden an Gebäuden. Die Uferpromenade wurde ausgebaut und verlängert, fast 3 km weit reicht sie nun bis zum Friedhof mit den auffälligen Zypressen auf der anderen Seite der Bucht. Sie ist praktisch autofrei, ein Café reiht sich ans nächste, am Ufer stehen Bänke. Leise schaukeln die kleinen Fischerboote, die morgens hinausfahren und aus dem See holen, was Sie in den Feinschmeckerrestaurants von Salò aufgetischt bekommen: *lavarello,* Renke, und *coregone,* Gardaseefelchen. Der Ort liegt in einer Bucht am südlichen Westufer, und obgleich es heute ein umtriebiges Städtchen ist, spürt man noch die Aura des eleganten Seebads.

Salò war immer etwas wohlhabender als die umliegenden Fischerdörfer; 1377 wurde es von den Mailänder Herrschern Visconti als Verwaltungssitz des Westufers bestimmt, 1426 ernannten die Venezianer Salò zur „Magnifica Patria della Riviera". Am Ende der faschistischen Herrschaft erhob Mussolini Salò zur Hauptstadt der faschistischen Sozialrepublik.

SEHENSWERTES

ISOLA DEL GARDA

Außer von Garda aus kann die Insel auch von Salò aus besucht werden: *Mai–Okt. Di und Do 9.30 Uhr | 21 Euro inkl. Verköstigung und Führung | Abfahrt Hafen Barbarano | Reservierung obligatorisch: Tel. 32 83 84 92 26 | www.isoladelgarda.com*

PALAZZO DEL PODESTÀ (RATHAUS)

Im 16. Jh. wurde dem alten Rathaus aus dem 14. Jh. eine venezianische Fassade mit Arkadengang verpasst, und das steht ihm bis heute nicht schlecht. Original ist davon jedoch nichts mehr, denn das Erdbeben von 1901 zerstörte auch den Palazzo del Podestà.

SANTA MARIA ANNUNZIATA

Salò hat als einziger Ort am See einen Dom. Mit dem Bau des spätgotischen Gotteshauses wurde 1453 begonnen. In die schlichte Backsteinfassade wurde später ein weißes Renaissanceportal eingefügt. *Tgl. 8–12 und 15–19 Uhr | Piazza Duomo*

ESSEN & TRINKEN

ANTICA TRATTORIA ALLE ROSE

Gianni Briarava wartet in dem modern eingerichteten Lokal mit bester Küche auf. Klassische *cucina gardesana,* kombiniert mit neuen Rezepten: Pasta mit Bohnen, gegrilltes Pferdefleisch oder elegantere Fischgerichte. *Mi geschl. | Via Gasparo da Salò 33 | Tel. 036 54 32 20 | www.roseorologio.it | €€€*

LA CAMPAGNOLA

Angelo Dal Bons Restaurant ist eines der besten der Region; gekocht wird regional und ganz im Sinne von Slow Food. Das Essen lässt ebenso wenig Wünsche offen wie die umfangreiche Weinkarte (letzte Zählung: 570 Weine!). Reservieren! *Di-Mittag und Mo geschl. | Via Brunati 11 | Tel. 036 52 21 53 | www.lacampagnoladisalo.it | €€€*

>LOW BUDGET

- Entlang der *Strada dei Vini* gibt es im Sommer täglich bis 19 Uhr in den Weinkellern *Happy Hour:* Weindegustationen mit Häppchen für 5 Euro. *www.stradadeivini.it*
- 200 Shops mit bis zu 70 % Rabatten auf Bata über Nike bis Versace findet man im *Franciacorta Outlet Village (Di–So 10–20, Mo 14.30–20 Uhr | 6 km hinter Brescia, Autobahnausfahrt Ospitaletto | www.franciacortaoutlet.it)* in Rodengo Saiano.
- Fragen Sie im Hotel nach der *Sport Card!* Damit gibt es Ermäßigungen auf den Verleih von Sportausrüstung, für Führer, Begleitpersonen und Trainer beim Golf, Mountainbiken, Surfen, Segeln, Klettern oder Nordic Walking.

LA CASA DEL DOLCE

Insider Tipp

Hier gibt es das wahrscheinlich cremigste Schokoladeneis am ganzen See, und man kann zusehen, wie es in dem kleinen Betrieb nebenan hergestellt wird. *Piazza Duomo 1*

LOLLIPOP

Diese *yoghurteria* hat das fruchtigste *gelato* des Orts im Angebot. Da – wie der Name sagt – viel Joghurt verwendet wird, erfrischt dieses Eis im Sommer doppelt. *Via Rocchetta 6*

EINKAUFEN

BELLI

Wie wärs mit einer italienischen Kaffeemaschine für zu Hause? Hier zu haben, außerdem alles von Alessi. *Via San Carlo 72*

DAY AFTER

Was aussieht wie ein Jeansladen, ist in Wirklichkeit ein Geschäft mit Designerklamotten, jedoch sportlich geschnittenen. *Piazza Zanelli 16*

MARKT ★

Jeden Samstagvormittag findet südlich der Altstadt einer der größten Märkte am See statt. Was Sie hier nicht finden, gibt es nicht.

MARONI

Designerkleidung von italienischen Herstellern, etwas günstiger als in Deutschland, und der hiesigen Mode immer ein Jahr voraus. *Lungolago Zanardelli 35*

MELCHIORETTI

Insider Tipp

Dieser Lebensmittelladen sieht aus wie eine alte Drogerie – und genau das war er auch. 1805 gebaut, ist die

Einrichtung von 1870 bis heute fast unverändert. Nur dass statt Kernseife nun Pesto und Pasta in den Holzregalen stehen. *Piazza Zanelli 11*

Huldigt dem Slow Food und dem Wein: Angelo Dal Bons La Campagnola

PRINCIPE

Ein eleganter Schuhladen, hier gibt es die Stiefel und Sandalen der kommenden Saison schon etwas früher. *Lungolago Zanardelli 21*

UBIK

Diese Buchhandlung führt aktuelle Literatur aus Italien – und auch einige Bücher auf Deutsch. *Via M. Butturini 28 a*

ÜBERNACHTEN

AGRITURISMO IL BAGNOLO

Haben Sie Lust auf Urlaub auf dem Bauernhof nur wenige Kilometer vom Gardasee entfernt? Hier wohnen Sie zwar weit oberhalb des Sees, doch wer Ruhe und Natur sucht, ist hier richtig. Milch gibt es frisch von der Kuh, Wurstwaren und Käse aus eigener Herstellung. *9 Zi. | Bagnolo di Serniga | Tel. 036 52 02 90 | Fax 036 52 18 77 | www.ilbagnolo.it | €€*

BELLERIVE

Am erweiterten Yachthafen entstand dieses neue Hotel. Es liegt hübsch an der Promenade, hat einen schönen Garten und einen noch schöneren Blick von den kleinen Balkonen. *47 Zi. | Via Pietro da Salò 11 | Tel. 03 65 52 04 10 | Fax 03 65 29 07 09 | www.hotelbellerive.it | €€€*

BED & BREAKFAST AI COLLI

Oberhalb der Durchgangsstraße liegt in einer ruhigen Wohngegend dieser Neubau mit wunderbarem Blick über den See. *5 Zi. | Via Carla Motari 6 | Tel. 036 52 00 11 | Fax 036 52 20 44 | www.bblagodigarda.it | €*

HOTEL DUOMO

Neben dem Dom und an der langen Uferpromenade liegt dieses sehr freundlich geführte Hotel. *22 Zi. | Lungolago Zanardelli 91 | Tel. 036 52 10 26 | Fax 036 52 10 27 | www.hotelduomosalo.it | €€€*

SPORT & STRÄNDE

BADEN

Mit dem Ausbau der Seepromenade wurden zwei kleine Strände aufgeschüttet, gegenüber der Bucht, beim Friedhof, gut zu erkennen an der markanten Reihe von Zypressen. Daran schließt sich die Valtenesi an, die Hügellandschaft rund um Manerba. Dort finden Sie zahlreiche weitere Badegelegenheiten: in *Porto San Felice* einen flachen Kiesstrand; die *Spiaggia della Rocca* ist ein großer, freier Kiesstrand nahe der Rocca di Manerba; Manerba bietet in *Pieve Vecchia* einen großen Kiesstrand, aber wenig Schatten; dafür kann man zu Fuß durchs seichte Wasser das Inselchen San Biagio erreichen, da trifft sich auch die Jugend. In *Moniga* gibt es freie Kies- und Felsstrände.

TAUCHEN

Ausflüge und Kurse bei *Diving Center Taras (Via Fantoni 63 | Tel. 036 52 02 25).*

AM ABEND

Der ganze Lungolago von Salò ist abends eine einzige Flaniermeile, man schlendert auf und ab, hin und her, *fare le vasche* nennt sich das auf Italienisch: Bahnen ziehen.

ABSOLUTE

Das ist nur was für echte Nachtschwärmer, denn vor Mitternacht ist in dieser Diskothek nichts los. *Am Seeufer, in der Bucht gegenüber der Seepromenade | Via Tavine 42*

AL BARETTO ▶▶

Eine unscheinbare Bar an der Seepromenade – aber Besitzer Gigi hat die beste Auswahl an offenen Weinen, etwa den Bellavista, einen Perlwein aus der Franciacorta. Hier treffen sich die einheimischen Weinkenner zum Aperitif oder zum Mitternachtsdrink. *Lungolago Zanardelli 46*

ESTATE MUSICALE GASPARO DA SALÒ

Auf dem Platz vor dem Dom gibt es an Sommerabenden (Juli–September) klassische Konzerte.

AUSKUNFT

Piazza Sant'Antonio 4 | Tel./Fax 0365 21423 | www.rivieradeilimoni.it

ZIELE IN DER UMGEBUNG

MANERBA DEL GARDA [127 D-E3]

In dem 3000-Ew.-Städtchen knapp 10 km südlich von Salò bietet sich ein schöner, einfacher Spaziergang (Insider Tipp) auf die ✲ *Rocca di Manerba* an: entweder vom Parkplatz unterhalb der Ortsmitte von Montinelle zu Fuß die Via del Melograno entlang oder mit dem Auto auf derselben schmalen Straße bis zum Parkplatz unterhalb des Naturparks; dann sind es nur noch ein paar Schritte bis zur Ruine. Unlängst wurden die Ausgrabungen weitergeführt und die niedrigen Mauerreste der Burg gut renoviert. Ein wundervoller Aussichtsplatz.

Auf dem Weg zur Rocca liegt der neue *Agriturismo*-Betrieb *La Filanda (6 Apartments | Via del Melograno 35 | Tel. 03 65 55 10 12 | www.agriturismo-lafilanda.it | €€).* Wer es noch ruhiger mag, kann den *Agriturismo Masserino (Via Masserino 2 | Puegnago | Tel./Fax 03 65 65 17 57 | www.masserino.it | €€)* ansteuern; er liegt etwa in der Mitte zwischen Manerba und San Felice. Es gibt kein

Restaurant, aber man kann Öl und Wein vom Bauern kaufen. Gediegen wohnt man in dem großen Hotel *La Quiete (29 Zi. | Via del Rio 2 | Tel. 03 65 55 11 56 | Fax 03 65 55 18 99 | €€)*. Ein Ausflug in die Umgebung von Manerba lohnt sich auch, wenn Sie Olivenöl einkaufen möchten, ei-

Von der Rocca di Manerba aus haben Sie einen wunderbaren Blick über den See

nige Produzenten bieten Direktverkauf an.

SAN FELICE DEL BENACO [127 D3]

Zwischen Salò und Desenzano liegen die meisten Campingplätze am Gardasee, Hotels gibt es hier bedeutend weniger. Die Strände sind meist ziemlich voll, diejenigen, die nicht zu einem Campingplatz gehören, sind oft frei – doch der Parkplatz ist gebührenpflichtig. Am Wochenende kommen viele Tagesausflügler hinzu. Im Hinterland kurvt man gelassen durch Weinhügel und Olivenhaine. Zu besichtigen sind die Ortsmitte von San Felice und seine Kirchen. Ein kleiner Badestrand findet sich bei Porto Portese.

Hausgemachte Pasta und eine üppige Fischvorspeisenplatte gibt es im *Ristorante Osvaldo (Di geschl. | Porto Portese | Tel. 036 56 21 08 | €€)*. Ein großes Haus mit ebensolchem Pool ist das *Park Hotel Casimiro Village (210 Zi. | Via Porto Portese 22 | Tel. 03 65 62 62 62 | Fax 036 56 20 92 | www.bluhotels.it | €€)*. Gutes Olivenöl gibt es bei *La Verità (Via delle Gere 2)*.

> NACHBARSEEN, FLUSSTÄLER UND EINE STIPPVISITE IN TRIENT

Auf Touren ins bergige Hinterland des Gardasees gibt es viel zu entdecken

Die Touren sind auf dem hinteren Umschlag und im Reiseatlas grün markiert

1 AUF ENGEN BERGSTRÄSSCHEN ZUM IDROSEE

Diese mit Abstechern gut 100 km lange Autotour nimmt etwa einen Tag in Anspruch. Zunächst geht es zum Stausee von Valvestino und dann weiter an den Lago d'Idro. Es sei vorausgeschickt: Man muss wirklich gerne Auto fahren, um diese Tour zu unternehmen. Besonders muss man enge Bergsträßchen mit Serpentinen mögen und darf sich vor steil abfallenden Bergflanken, oft nur durch schmale Leitplanken gesichert, nicht fürchten. Auch von der zahlenmäßig überlegenen Konkurrenz der Rennradler und Motorradfahrer sollten Sie sich nicht schrecken lassen – und einen einigermaßen stabilen Magen sollten Sie auch haben. Dann aber: ein Genuss.

Schon in der Ortsmitte von **Gargnano** *(S. 85)* beginnt die Strecke mit engen, steil aufsteigenden Serpentinen, kurvenreich geht es in den oberen Ortsteilen von Gargnano weiter.

Bild: Lago di Toblino

AUSFLÜGE & TOUREN

Bald verlassen Sie die Zone der Olivenbäume und landwirtschaftlich genutzten Flächen und kommen in waldigere Regionen. Es geht stetig aufwärts. Schließlich fahren Sie auf eine große Staumauer zu: Hier wird der Toscolanobach aufgestaut, was das Betreiben der Papiermühlen im gleichnamigen Tal in Toscolano-Maderno ermöglichte. Die moderne Staumauer schafft einen See von wilder Schönheit, den *Lago di Valvestino,* nicht so blau und so südlich wie der Gardasee, sondern schmal und grün. Meist liegt er tief unter Ihnen im Tal. Unweit der Staumauer gibt es eine Ausweichstelle; diese sollten Sie kurz ansteuern, um den Blick in die Landschaft auch richtig genießen zu können.

Insider Tipp

Am Ende des Sees bietet sich ein kleiner Abstecher in das Gebirgsdorf **Magasa** an. Zurück an der Abzweigung, biegen Sie rechts ab, Richtung Capovalle. Sie folgen der Hauptstraße durch den Ort, danach geht es in einigen Serpentinen steil hinunter zum **Lago d'Idro.** Bald sieht man unten den See schimmern. Er ist vor allem bei deutschen Urlaubern mit Kindern und bei Campingfreunden sehr beliebt. Auf den Campingplätzen werden auch Bungalows vermietet. Die ganze Gegend hat eher etwas Gebirgig-Tirolerisches, doch die Orte sind italienisch, mit schmalen Gassen, romanischen Kirchen und Blumentöpfen auf den Balkonen. Auf den kleinen Plätzen sieht man Männer, die Boccia spielen.

Insider Tipp

Wer sich für ein Picknick am See eindecken möchte, geht in die ortsansässige Käserei *(Caseificio Rendena Val Chiese | Do-Nachmittag und Mo geschl. | Via Trento 15)* in **Pieve Vecchia** am Südzipfel des Sees. Dort gibt es eine große Auswahl an Trentiner Käsesorten. Wer lokale Küche kosten möchte, hält am besten in **Anfo** und kehrt in die Trattoria **La Taverna** *(Do geschl. | Via Roma 20 | Tel. 03 65 80 92 44 | €€)* ein; zu den Spezialitäten dort gehören die *strangolapreti,* Trentiner Spinatgnocchi, die sich ins Deutsche übertragen als „Priesterwürger" entpuppen.

Den Idrosee durchfließt das Flüsschen Chiese. Wenn Sie diesem flussaufwärts folgen, kommen Sie nach **Lodrone** an der einst so umkämpften Grenze zwischen Lombardei und Trentino. Hier kann man sich die Beine verteten, kleine Straßen führen durch Obstgärten am Ortsrand. Zurück zum Südufer des Sees geht es auf derselben Straße.

Nun folgen Sie dem Lauf des Chiese bis nach Roè-Volciano, der Verkehr nimmt dabei stetig zu. Die Straße ist breiter als der Hinweg, man fährt so entspannter, doch die Fahrt ist landschaftlich nicht ganz so schön. In Roè-Volciano biegen Sie nach **Salò** *(S. 89)* ab und kommen so zurück an den Gardasee.

Zeugen einer noblen Vergangenheit: Kampanile und Kastell von Arco

2 DURCH DAS SARCATAL NACH TRENTO

Diese knapp 100 km lange Autotour nimmt mit ausreichend Zeit für Besichtigungen zwei Tage in Anspruch. Zunächst geht es durch das wilde Sarcatal in Richtung Arco. Dann kommen Sie an zwei Seen vorbei, um schließlich Trento (Trient) zu erreichen, die Hauptstadt des Trentino, eine Stadt mit großer Vergangenheit. Am nächsten Tag geht es über Rovereto zurück an den Gardasee. Die Anreise ist auch mit öffentlichen Verkehrsmitteln möglich. Die Innenstadt Trentos ist für den Autoverkehr ohnehin gesperrt, Parkplätze sind rar und teuer. Wer in erster Linie Trento ansteuert, kann mit dem Bus bis Rovereto fahren und dort in den Zug umsteigen oder von Riva ganz mit dem Bus bis nach Trento fahren (Aufenthalt in Arco dennoch möglich).

Die Tour beginnt zwischen Torbole und Riva del Garda direkt unterhalb des Monte Brione. Nach wenigen Kilometern erreichen Sie **Arco**. Dem Ort (13 000 Ew.) sieht man seine interessante Vergangenheit heute noch an; um das alte Bergdorf herum wuchsen die Villen und Hotels des einstigen noblen Kurorts.

Am besten stellen Sie das Auto ab und spazieren zur **Burg** *(April–Sept. tgl. 10–18, Okt.–März 10–16 Uhr)* hinauf, von dort hat man den besten Überblick. Der Aufstieg beginnt gegenüber der Kirche, ein Schild weist den Weg zum Castello. Die Burg thront weithin sichtbar über dem Ort. 1495 malte sie Albrecht Dürer bei seiner Italienreise, als Postkarte bekommt man diese Ansicht in fast jedem Laden des Orts. 1703 schleifte der französische General Herzog Vendôme die Burg. Die **Kirche** von Arco wirkt viel zu groß, scheint fast den Rahmen des Orts zu sprengen. Sie wurde nach palladianischem Muster von 1613 bis 1671 erbaut und ist eines der berühmtesten Bauwerke der späten Trentiner Renaissance.

Verlässt man den alten Ortskern, kommt man in den *Parco Arciducale* Insider Tipp *(tgl. 8–19 Uhr):* Den botanischen Garten mit Bäumen und Sträuchern ließ der habsburgische Erzherzog an der Wende zum 20. Jh. pflanzen. Beim ehemaligen Kurhaus an der Promenade liegt die **Touristeninformation** *(Viale delle Palme 1 | Tel. 04 64 53 22 55 | Fax 04 64 53 23 53 | www.gardatrentino.it)*. Falls Sie jetzt schon Hunger haben: Riesige Pizzen im schönen Innenhof eines alten Palazzos serviert die **Cantina Marchetti** *(Mo geschl. | Piazza Marchetti | Tel. 04 64 51 62 33 | €)*. Nobler und besser isst man im **Alla Lega** *(außer Sa/So mittags geschl. | Via Vergolano 4 | Tel. 04 64 51 62 05 | www.ristoranteallalega.com | €€)*, das jedoch nur am Wochenende mittags geöffnet hat. Im *Caffè Conti d'Arco* Insider Tipp *(Do geschl. | Piazza Marchetti 3)* trinken nicht nur Mountainbiker gerne eine *bicicletta* (Fahrrad), ein Mixgetränk aus Campari und Prosecco.

Weiter geht es auf der Straße 45 bis nach Dro. Dort dürfen Sie die Abzweigung zum Lago di Cavedine nicht verpassen. Es geht ein paar Kurven hinauf, und schon sind Sie in den **Marocche**, einem wilden Gebiet. Hier ging vor Urzeiten ein gewaltiger Bergsturz zu Tale, die enormen Brocken liegen wie Bauklötze von Riesenkindern verstreut herum. Weiter geht es auf der kurvigen Straße, dann in einer Rechtsserpentine links ab zum **Lago di Cavedine.** Es gibt eine schmale Straße am See entlang, ein paar Picknickplätze und viele Angler.

Bei Pietramurata gelangen Sie wieder auf die Hauptstraße nach Trento. Ein weiterer, reizender See wird passiert: der **Lago di Toblino.** Auf einer Insel, die Sie zu Fuß über einen Damm erreichen, liegt das **Wasserschloss** mit seinen markanten Türmen. Im Kern stammt es als Burg aus dem 12. Jh., wurde aber vom Fürstbischof Madruzzo im 16. Jh. in ein komfortables Wohnschloss umgebaut. Heute gibt es dort ein gutes Restaurant: Insider Tipp *Ristorante Castel Toblino (Di und Nov.–Mai geschl. | Via Caffaro 1 | Tel. 04 61 86 40 36 | www.casteltoblino.com | €€–€€€).*

Nach weiteren 20 km erreichen Sie **Trento** (105 000 Ew.). Das Konzil von Trient, das zur Rettung der katholischen Kirche vor Luthers Reformation einberufen werden sollte, hat die Stadt an der Etsch weltberühmt gemacht. Bernard von Cles, Fürstbischof von Trient und gewitzter Standortpolitiker, bemühte sich im 15. Jh. darum, Trento zum Austragungsort des Konzils zu machen. Er ließ den mittelalterlichen Festungsort zur Renaissancestadt umbauen. Mit Erfolg: Das Konzil tagte von 1545 bis 1563 in Trient.

Beginnen Sie den Stadtrundgang im mächtigen **Castello Buonconsiglio** *(Di–So 9.30–17 Uhr | www.buonconsiglio.it),* dem Cles seinen Stempel aufdrückte: Überall in der Burg, die in die Stadtmauer integriert wurde, ist sein Wappen zu sehen, zwei Löwen auf rotem und weißem Grund. Das Schloss, Regierungssitz der Trienter Fürstbischöfe, besteht aus drei Teilen: Castelvecchio, Magno Palazzo und Giunta Albertiana. Der Gang durch die Säle berauscht mit der Farbenpracht der Fresken. Auf keinen Fall verpassen sollten Sie den **Adlerturm** mit den gotischen Monatsfresken. Der kunsthistorisch einzigartige Bilderzyklus wurde zwischen 1390 und 1407 durch den böhmischen Maler Wenzeslaus geschaffen.

Über die Via San Marco gelangt man von der Burg in die Altstadt. An der Ecke zur Via del Suffragio steht der **Palazzo del Monte,** ein Renaissancebau aus dem 16. Jh.Ein weiteres repräsentatives Stadthaus ist der **Palazzo Galasso,** den der Augsburger Georg Fugger 1602 errichten ließ. An der Ecke Via Roma und Via Belenzani steht die Kirche **San Francesco Saverio** aus der ersten Hälfte des 18. Jhs. Sie gilt als der bedeutendste Barockbau des Trentino. Die Via Belenzani bringt Sie zum Domplatz. Linker Hand fällt der renovierte **Palazzo Geremia** aus dem 15. Jh. mit seinen venezianischen Fresken auf. Ihm gegenüber steht der **Palazzo Thun,** seit 1873 Sitz der Stadtverwaltung.

Der **Domplatz** mit dem Neptunsbrunnen von 1768 im Zentrum ist einer der schönsten Plätze Italiens. Der Dom, ein mächtiges gotisches Gotteshaus, wurde um das Jahr 1100 über einer älteren Kirche und dem Grab des San Vigilio errichtet. Im Dominneren wurden unter dem Chor die Fundamente der aus dem 6. Jh. stammenden, frühchristlichen Basilika freigelegt. An den Dom schließt sich der **Palazzo Pretorio** an, Anfang des 13. Jhs. erbaut. Darin ist das **Diözesanmuseum** untergebracht. Gegenüber vom Dom bezeugen die Fassaden der **Case Rella** mit ihren niedrigen Lauben das alpine Erbe im Stadtbild.

Den besten Blick auf das Herz der Stadt haben Sie im **Caffè Italia** *(Piazza Duomo 7)*. Viel älter als das **Ristorante al Vò** *(So geschl. | Vicolo del Vò 11 | Tel. 04 61 98 53 74 | www.ristorantealvo.it | €€)* kann eine Gaststätte kaum sein: 1345 öffnete hier die erste Osteria Trentos; heute gibt es dort traditionelle Trentiner Küche. Wer weitere typische Lokale sucht, holt sich im Fremdenverkehrsamt die Broschüre „Osterie Tipiche Trentine". In allen aufgenommenen Restaurants wird strikt mit Trentiner Produkten gekocht, so etwa in der **Antica Trattoria Due Mori** *(Mo geschl. | Via San Marco 11 | Tel. 04 61 98 42 51 | €€)*. Mitten im Zentrum (Zimmer mit Domblick verlangen!) und trotzdem günstig wohnen Sie im Hotel **Venezia** *(45 Zi. | Piazza Duomo 45 | Tel./Fax 04 61 23 41 14 | www.hotelveneziatn.it | €)*. Auskunft: *Via Manci 2 | Tel. 04 61 21 60 00 | Fax 04 61 21 60 60 | www.apt.trento.it*

Der Domplatz mit dem Neptunsbrunnen ist das Herz der Trentiner Altstadt

Auf der Rückfahrt über die Strada Statale 12 passieren Sie **Rovereto.** Dort lohnen das **Kriegsgeschichtliche Museum** *(Museo Storico Italiano della Guerra | Di–So 10–18 Uhr | Via Castelbarco 7 | www.museodellaguerra.it)* und das neue **Museum für moderne Kunst** *(S. 47)* einen Stopp. Von Rovereto sind Sie dann in 30 Minuten wieder am See.

EIN TAG AM GARDASEE

Action pur und einmalige Erlebnisse.
Gehen Sie auf Tour mit unserem Szene-Scout

FRÜHSTÜCKSPICKNICK

9:00

In dem kleinen Supermarkt *Salumi Lenotti* empfängt die Kunden der unvergleichliche Duft luftgetrockneter italienischer Salami. In der hauseigenen Metzgerei des Ladens werden die Leckereien ganz traditionell und mit viel Leidenschaft hergestellt. Wurst, Käse und frische Brötchen kaufen und das Frühstück am Marktplatz verputzen! **WO?** *Via Ca' Schena 2 | San Zeno di Montagna | Tel. 04 57 28 50 29*

10:00

DURCH DIE BAUMWIPFEL

Adventure à la Indiana Jones gefällig? Ab in den Hochseilgarten in San Zeno di Montagna! Hier gehts über Hängebrücken und durch gespannte Netze. **WO?** *Park Jungle Adventure | Strada per Lumini-Pineta Sperane | Kosten: ab 12 Euro | Tel. 04 56 28 93 06 | www.jungleadventure.it*

JETSET-FEELING

12:00

Nach der Action wartet jetzt der pure Luxus. Im Hafen ein Motorboot mieten, Sonnenbrille auf die Nase, Tuch ins Haar und wie die Celebritys über das blaue Wasser nach Salò flitzen. Auf dem Gardasee braucht man für die kleinsten Boote mit 40 PS nicht mal einen Führerschein, um den Lago di Garda zu entdecken. **WO?** *Gardacharter | Neuer Hafen | Lazise | reservieren unter Tel. 04 56 26 14 25 | Kosten: 200 Euro | www.gardacharter.de*

12:45

TYPICAL LUNCH

Nachdem man das Boot vertäut hat und durch die Straßen Salòs spaziert ist, heißt es auf der Terrasse des Restaurants *La Campagnola* Platz nehmen und die Pflanzenvielfalt bewundern. Wer davon nicht satt wird, bestellt Pasta oder Risotto. Nicht wundern, dass alles so frisch schmeckt – das Gemüse kommt teilweise direkt aus dem Restaurantgarten. Besonders zu empfehlen: Ravioli mit Kürbis. **WO?** *Via Brunati 11 | Salò | Tel. 036 52 21 53*

24h

CHILLOUT

14:00

Schläfrig? Zurück ins Boot und die Füße im Wasser baumeln lassen! Wer genug Energie getankt hat, tuckert zur Isola del Garda und besucht einen der spektakulärsten Gärten Italiens: Duft und Farben der Blumen und Obstbäume sind betörend. **WO?** *www.isoladelgarda.com*

15:30

ADRENALIN PUR

Auf zum Bikeshop *Furioli* in Malcesine, ein Rad ausleihen und ab in die Seilbahn *Malcesine–Monte Baldo*. Erst von der Gondel auf 1760 m schaukeln lassen, dann heißt es: in die Pedale treten! Für den Adrenalinkick rasen Mutige auf den Downhill-Trails wieder nach unten (nichts für Anfänger!). **WO?** *Shop: Piazza Matteotti | Malcesine | Seilbahn: Navene Vecchia 12 | Preis: 1 Person mit Bike 15 Euro | www.funiviedelbaldo.it*

DINNER ZUM TRÄUMEN

20:00

Nach so einem Tag der Extraklasse darf natürlich auch das Dinner nicht mittelmäßig ausfallen. Gourmets geraten beim Genuss der Speisen im viel gelobten *Vecchia Malcesine* ins Schwärmen. Vorspeise und Hauptgang vom Chefkoch persönlich zusammenstellen lassen! **WO?** *Via Pisort 6 | Malcesine | Tel. 04 57 40 04 69 | www.vecchiamalcesine.com*

22:00

SÜSSER ABSCHLUSS

Das *Dolce Vita* genießt man in der gleichnamigen Eisdiele. Und während man Rosmarin- oder Gorgonzolaeis genüsslich löffelt, versichert Eismann Giorgio, dass diese Sorten die italienischsten von allen sind. Wer es nicht ganz so typisch mag: Es gibt auch klassische Sorten wie Vanille oder Schoko. **WO?** *Corso Garibaldi 13 | Malcesine | Tel. 04 56 57 03 07*

> ABENTEUERSPIELPLATZ FÜR ERWACHSENE

Wasserratten und Bergfreunde können sich am Gardasee sportlichen Extremen aussetzen

> Der Gardasee ist ein Sportsee, ein Abenteuerspielplatz für Erwachsene, für Wasserratten genauso wie für Bergfreunde.

ABENTEUERSPORT

Manche Adventuresportarten kann man nicht ohne professionelle Anleitung ausüben, so etwa das Canyoning. Dabei stürzen sich wagemutige Menschen in Neoprenanzügen und mit Sturzhelmen angeseilt Wasserfälle hinunter und folgen wilden Bachläufen flussabwärts. Die folgenden Veranstalter bieten geführte Touren an: *Wet Way (Viale Rovereto 44 | Riva del Garda | Tel. 33 56 39 90 63 | www.wetway.net); Multisport (Via San Pietro Paolo 5 | Arco | Tel./Fax 04 64 50 44 90 | www.multisport3.com); Thomas Engels (Via Dalco 3 | Tremosine | Tel. 03 65 91 70 41 | Fax 03 65 91 72 29 | www.aktivcenter-lagodigarda.com); Canyon Adventures (Via Matteotti 5 | Torbole | Tel.*

SPORT & AKTIVITÄTEN

04 64 50 54 06 | www.canyonadventures.it).

BERGSTEIGEN, WANDERN & KLETTERN

Ob Tagestouren in die Berge, Wanderungen durch Hügel oder Spaziergänge am Ufer entlang: Wer gerne zu Fuß geht, dem kann es am Gardasee kaum langweilig werden. Auch für Wanderer gehört natürlich der Gipfel des Monte Baldo zu den höchsten Zielen. In Arco gibt es zwei Bergsteigerbüros, beide veranstalten Kletterkurse, Wanderungen und Canyoningtouren: *Ufficio delle Guide Alpine (Via Santa Caterina 40 | Tel./Fax 04 64 50 70 75 | www.guidealpinearco.com)* und *Friends of Arco (Via Segantini 64 | Tel. 04 64 53 28 28 | www.friendsofarco.it).*

Das Kletterturnier *Rock Master* Insider Tipp Mitte September in Arco, bei dem sich die Weltelite der Freeclimber versammelt, ist auch für Zuschauer ein Spektakel. www.rockmaster.com

GOLF

In *Marciaga,* einem Ortsteil von Costermano im Hinterland von Garda, finden Sie den 27-Loch-Platz *Ca' degli Ulivi (Tel. 04 56 27 90 30 | Fax 04 56 27 90 39 | www.golfcadegliulivi.it).* Ein Neun-Loch-Platz befindet sich bei Gargnano: *Golf Club Bogliaco (Via del Golf 21 | Tel. 03 65 64 30 06 | www.golfbogliaco.com).* Das Fünf-Sterne-Golfresort *Palazzo Arzaga Hotel Golf & Saturnia Spa (84 Zi. | Carzago di Calvagese della Riviera | Tel. 030 68 06 00 | Fax 03 06 80 62 70 | www.palazzoarzaga.it | €€€)* liegt 15 km südwestlich von Salò. Und bei Peschiera finden Sie das traumhaft gelegene *Parc Hotel Paradiso & Golf Resort (Ortsteil Paradiso | Tel. 03 65 91 35 40 | www.golfclubparadiso.it).* Ausführliche Golfinfos auf den Websites www.gardasee-golf.de und www.1golf.eu.

MARATHON

Laufveranstaltungen werden immer populärer am See, es gibt nun auch, Ende September, von Limone nach Malcesine einen Marathon *(Tel. 33 58 46 01 32 | www.lakegardamarathon.com).* Der Garda Trentino Half Marathon findet am zweiten Novemberwochenende im Sarcatal statt, die Strecke führt von Riva über Torbole nach Arco und zurück.

RADFAHREN & MOUNTAINBIKING

Für ambitionierte Radsportler ist der Norden das beliebteste Revier; das Fremdenverkehrsamt Riva hält hervorragendes Infomaterial dazu bereit. Rund um Riva findet Ende April/Anfang Mai das ★ *Bike-Festival (www.bike-festival.de)* statt. Höhepunkt der Veranstaltung ist der anstrengende Bikemarathon. Dabei kämpfen mehr als 5000 Mountainbiker mit dem inneren Schweinehund und den hohen Bergen. Ein ähnlicher Wettkampf wird im Oktober in Limone veranstaltet *(www.bikex-treme.com).*

Der Monte Baldo ist das begehrteste Ziel konditionsstarker Radler. Heißer Tipp: Wer sich die Plackerei bergauf sparen möchte, fährt mit der Seilbahn von Malcesine, die zu bestimmten Uhrzeiten Räder transportiert. Und bei *Bike Xtreme* an der Talstation der Seilbahn *(Tel./Fax 04 57 40 02 45 | www.bikeapartments.com)* kann man nicht nur Bikes leihen, die Räder werden auch auf den Gipfel des Monte Baldo gebracht. Zudem gibt es geführte Touren.

Insider Tipp

Die Provinz Verona hat für die Sommermonate den Service *Bus & Bike* ins Leben gerufen: Man fährt mit dem Linienbus, der auch das Fahrrad transportiert, bis nach Novezza oder Prada hinauf, und von dort geht es dann nur noch bergab.

Ein ehrgeiziges Projekt ist der durchgängige Radweg von Riva bis Sirmione. Was der Idee buchstäblich im Wege steht, ist der Monte Baldo mit seinen Ausläufern. Es ist nicht viel Platz zwischen Berg, Straße und See. Doch das Projekt schreitet voran. So kann man schon viele Kilometer nördlich und südlich von Malcesine gut abgesichert neben der Straße in die Pedale treten. Auch in Bardolino wird gebaut, und zwischen Cisano und Lazise kann man am See entlang radeln. Doch im nördlichsten Abschnitt bleiben die engen Tunnel ein Problem.

REITEN

Ausritte und Reittouren organisieren *Agriturismo il Bosco (Puegnago sul Garda | Tel. 036 55 55 56); Scuderia Castello (Toscolano-Maderno | Tel. 03 65 64 41 01 | www.scuderiacastello.it); Club Ippico San Giorgio Arco (Tel. 34 84 43 83 07 | www.clubippicosangiorgio.it); Ranch La Betulla (Vesio di Tremosine | Tel. 03 65 91 72 56).* Infos zum Reiten am Gardasee im Internet: *www.sport-gardasee.de/gardasee-reiten.php*

Keine Frage: Windsurfen ist der Sport Nummer eins am Gardasee

SEGELN

Auch wenn Surfen den Gardasee bei jungen Sportlern bekannt machte, gesegelt wird hier schon viel länger. Berühmt ist die *Centomiglia (www.centomiglia.it),* eine 100-Meilen-Regatta, die am zweiten Septembersamstag in Bogliaco startet.

TAUCHEN

Auch Tauchfreunde kommen am Gardasee nicht zu kurz. Statt nach Korallenriffen wird nach versunkenen Galeeren getaucht, und statt bunter Fische gibt es eine beleuchtete Madonnenstatue: Die 3 m große, erleuchtete Figur wurde auf Initiative eines Tauchclubs aus Brenzone in 18 m Tiefe auf dem Seegrund vor Brenzone verankert.

Tauchzentren mit Kursen und Tauchausflügen gibt es u. a. in Riva, Salò, Torri del Benaco und Desenzano. Das Tauchcenter *Athos Diving (Assenza di Brenzone | Via Gardesana 54 | Tel. 04 56 59 00 15 | Fax 04 56 59 40 70 | www.athos-diving.com)* veranstaltet Tauchkurse.

WINDSURFEN

Die Königsdisziplin am Gardasee. Er eignet sich deshalb so gut zum Surfen, weil sein nördlicher Teil aus einem engen Gebirgstal herauswächst, durch das regelmäßige – und mitunter recht starke – Winde wie durch eine Düse blasen. Torbole am Nordufer ist das Mekka der Surfer schlechthin. Günstig: Im Trentiner Teil des Sees dürfen keine Motorboote fahren. Surfschulen und -center mit Brettverleih konzentrieren sich außer in Torbole vor allem in Riva, Malcesine und Gargnano.

> KINDER ERWÜNSCHT!

Safari-, Wasser- und Vergnügungsparks sorgen für Abwechslung. Aber vergessen Sie nicht die natürlichen Angebote des Sees!

> Der Gardasee ist eine der besonders kinderfreundlichen Ferienregionen im ohnehin schon kinderfreundlichen Italien. Im Süden des Sees ist das Wasser so flach, dass Eltern ihre Sprösslinge gut planschen lassen können.

Im Norden dagegen wird es für etwas ältere Kinder interessanter; sie können erst den Surfern zusehen und dann selbst eine Probestunde versuchen: Das geht bei nahezu allen Surfschulen, wenn Sie vorher anrufen.

Die folgenden vier Strände in der Südostecke des Sees sind besonders für Kinder geeignet: *Punta Cornicello* (klein, aber mit Bäumen und Spielplatz) in Bardolino, der *Strand am Hafen von Pacengo* (grober, flacher Sandstrand, ein paar Bäume, Tretbootverleih, Duschen und Bar), *Lido di Ronchi* (flacher Sand- und Grasstrand mit Bäumen, Bar und Duschen) sowie die *Spiaggia Comunale in Santa Maria di Lugana* vor der

MIT KINDERN UNTERWEGS

Halbinsel von Sirmione (breiter, grasbewachsener Uferstreifen, mit Spielplatz, Tretboot- und Sonnenschirmverleih). Die große *Spiaggia Sabbioni* (reicher Baumbestand, Kiesstrand, künstliche Badeinseln) am Nordufer im Zentrum von Riva ist eher für größere Kinder geeignet, da hier das Wasser schnell tief wird. Ein auch bei italienischen Jugendlichen beliebter Strand ist die *Spiaggia Parco Fontanella* im Stil eines Freibads mit Duschen, Bars, Tischtennis und Kicker. Viele Spielplätze gibt es in Riva.

NORDUFER

KLETTERKURSE FÜR KINDER [125 D2]

Die Kletterschule *Friends of Arco (Arco | Ortsteil Prabi | Tel. 04 64 53 28 28 | www.friendsofarco.it)* bietet verschiedene Kurse an, auch an den Wänden des Rockmaster-Wettbewerbs *(Di, Do, Fr 17–19 Uhr | 14 Euro)*.

Insider Tipp **MUSEO DEL CENTRO VISITATORI PARCO ALTO GARDA BRESCIANO** [123 E5]

Das perfekte Regenprogramm: Im anschaulich gemachten Museum werden Geologie, Flora, Fauna und Leben in der Region erklärt. Die Schrifttafeln sind auf Italienisch, fragen Sie an der Rezeption nach den deutschen Übersetzungen! *Im Sommer Do–Di 10–19 Uhr, Mo und Di Führungen auf Deutsch | 5 Euro, mit Führung 7 Euro | Kinder bis 14 Jahre 3 Euro | Tignale | Ortsteil Prabione*

PFAHLBAUMUSEUM MUSEO DELLE PALAFITTE [124 B3]

Das Pfahlbaumuseum in Molina di Ledro am Ledrosee oberhalb von Riva finden auch Kinder spannend. Im anschaulich dekorierten Museum können sie sogar Essensreste bestaunen, die aus dem torfigen Uferschlamm ausgebuddelt wurden. Am See steht der Nachbau eines Pfahlhauses – da lässt sich schön phantasieren, wie die Vorfahren der Italiener hier gelebt haben. *März–Juni und Sept.–Nov. Di–So 9–17, Juli/Aug. tgl. 10–18 Uhr | 3 Euro, Kinder 2 Euro*

SURFKURS FÜR KINDER [124 C3]

Wenn der Nachwuchs versucht, auf Papas oder Mamas Brett mit dem Surfen zu beginnen, sind die Erwachsenenriggs meist viel zu schwer für die Kleinen. Die Surfschule Vasco Renna in Torbole bietet Kurse mit spezieller Ausrüstung an. *Tel. 04 64 50 59 93 | www.vascorenna.com*

OSTUFER

CANEVA-WORLD [128 C4]

Im Vergnügungspark am südlichen Ortsende von Lazise mit Wasserpark,

Gardaland am Ostufer: Attraktion für Kinder zwischen ca. 2 und 70 Jahren

Movieland, Rockcafé und „Mister-Movie-Studios" gibt es auch ein Restaurant mit mittelalterlichen Shows. *Mitte April–Juni und Anfang–Mitte Sept. mit wechselnden Schließtagen 10–18, Juli/Aug. tgl. 10–19 Uhr | 23 Euro, Kinder bis 1,40 m 18 Euro, bis 1 m frei | Via Fossalta 1 | www.canevaworld.it*

GARDALAND [128 C5]

Der bekannteste und älteste (1975 gegründet) der Freizeitparks am Gardasee. Er bietet Vergnügungen à la Disneyland und ist somit ein Ausflugsziel, das nicht nur Kinder begeistert, sondern auch für Jugendliche und Erwachsene viele Attraktionen bereithält: Abenteuerlustige fahren mit der Achterbahn Magic Mountain mit zwei Loopings, bei einer Wassershow sind Wasserspiele und Lasereffekte zu bewundern, und die Kleinen reisen in „Kaffeetassen" durch eine Zwergenwelt. An Wochenenden ist der Park oft hoffnungslos überlaufen! *Stark gestaffelte Öffnungszeiten, April–Sept. tgl., meist 10–18, Okt.–Jan. gelegentlich 10–18, Mitte Juni–Mitte Sept. tgl. 10–23 bzw. 9 bis 24 Uhr | 35 Euro, Kinder 29 Euro, bis 1 m frei | www.gardaland.it*

PARCO NATURA VIVA [129 D4–5]

In diesem Autosafaripark zwischen Pastrengo und Bussolengo im Hinterland von Lazise können Sie auf einer Rundfahrt mit dem eigenen PKW Nashörner, Löwen und Tiger im Freien beobachten. Die Fenster müssen geschlossen bleiben! Nebenan im Zoo wird Kindern besonders der Dinosaurierpark gefallen – auch wenn die Urtiere nur nachgebildet sind. *März–Nov. tgl., Uhrzeiten jahreszeitlich gestaffelt ca. 9–18 Uhr | Kombiticket Safaripark und Zoo 17,50 Euro, Kinder bis 12 Jahre 14 Euro, Juni bis Sept. 19/16 Euro | www.parconaturaviva.it*

RIOVALLI [129 D4]

Wem Baden und Rumliegen alleine nicht genügt, der kann in den Wasserpark Riovalli im Hinterland von Bardolino fahren. *Juni–Aug. Mo–Fr 9.30–19, Sa/So 9–19 Uhr | 8 Euro (So 10 Euro), Kinder 6 Euro (So 7 Euro) | Cavaion Veronese | Ortsteil Fosse | an der Schnellstraße nahe Affi | www.riovalli.it*

SÜDUFER

FATTORIA DIDATTICA PARCO GIARDINO SIGURTÀ [128 C6]

Das historische Bauerngut des Parks wurde zu einem Schulbauernhof umgewandelt. Hier laufen einheimische Hühner, Enten und Truthahnrassen herum, nicht zu vergessen Esel der Rasse San Domenico und Schafe aus den Lessinischen Bergen. *April–Sept. tgl. 9–18, März und Okt. 9–17 Uhr | 12 Euro, Kinder (5–14 Jahre) 6 Euro | Valeggio sul Mincio | www.sigurta.it/fattoria.asp*

WESTUFER

VITTORIALE DEGLI ITALIANI [127 E2]

Das Museum, in dem man nichts anfassen darf, macht Kindern keinen Spaß. Interessant ist aber der Park, schließlich gibt es dort D'Annunzios Auto sowie ein Kriegsschnellboot. *Okt.–März tgl. 9–17, April–Sept. 8.30–20 Uhr | 7 Euro für den Park, 12 Euro Park und Museum, Kinder 5 bzw. 8 Euro | www.vittoriale.it*

> VON ANREISE BIS ZOLL

Urlaub von Anfang bis Ende: die wichtigsten Adressen und Informationen für Ihre Reise an den Gardasee

ANREISE

AUTO

Wer aus dem Norden kommt, wählt die Strecke über Österreich und die Brennerautobahn. Wer die Mautgebühr der Autobahn sparen möchte oder lieber langsamer reist, kann die alte Brennerpassstraße nehmen. Ab Trento haben Sie zwei Möglichkeiten: Entweder fahren Sie hinunter ins Sarcatal und nähern sich dem Gardasee über Arco und Riva. Oder Sie fahren bis zur Autobahnabfahrt Rovereto-Sud und kommen dann über Nago nach Torbole. Diese Strecke hat den Vorteil, dass man auf dem letzten Kilometer ab Nago traumhafte Blicke auf den See genießen kann. Wer den Süden des Sees ansteuert, fährt bis zur Autobahnabfahrt Affi nahe Bardolino und Garda.

Urlauber aus Südwestdeutschland und der Schweiz erreichen den Gardasee über die Gotthardautobahn und dann die A 4 Mailand–Venedig (Ausfahrten bei Desenzano, Sirmione und Peschiera).

Für die Benutzung der Autobahnen in Österreich und der Schweiz benötigen Sie eine Vignette, die italienische Autobahn kostet Mautgebühren. Eine bequeme und umweltfreundliche Alternative ist die Reise mit dem Autozug *(www.db-autozug.de)* nach Verona oder Bozen (von mehreren deutschen Städten, ab 149 Euro).

PRAKTISCHE HINWEISE

BAHN

Gute Bahnverbindungen *(Fahrzeit München–Peschiera 6–7 Std.)* gibt es über die Brennerstrecke (München–Innsbruck–Bozen) nach Trento, Rovereto und Verona. In Rovereto kann man in den Linienbus umsteigen, der direkt ans Nordufer des Gardasees fährt. Von Verona aus nimmt man einen Zug Richtung Mailand und steigt in Peschiera oder Desenzano aus.

FLUGZEUG

Recht günstig kommt man von zahlreichen deutschen Städten mit Air Berlin *(www.airberlin.com)* nach Mailand und mit Tuifly *(www.tuifly.com)* nach Venedig. Lufthansa *(www.lufthansa.de)* und Air Dolomiti *(www.airdolomiti.it)* fliegen von Frankfurt und München nach Verona, Germania *(www.flygermania.de)* von Berlin und Düsseldorf sowie Germanwings *(www.germanwings.com)* von zahlreichen Städten. Mit Ryanair kommt man auf die Provinzflughäfen bei Bergamo („Mailand-Orio al Serio") und Treviso („Venedig") *(www.ryanair.com)*.

Von den Flughäfen weiter mit dem Bus, dem Zug *(www.ferroviedellostato.it)* oder dem Mietwagen. Sowohl vom Bahnhof als auch vom Flughafen können Urlauber sich abholen lassen, Informationen unter *www.rivieradeilimoni.it* und beim *Transferservice (Tel. 0365 21551 | Fax 0365 290216 | www.lakegardatransfer.com)*.

AUSKUNFT

STAATLICHES ITALIENISCHES FREMDENVERKEHRSBÜRO ENIT

– Neue Mainzer Str. 26 | 60311 Frankfurt | Tel. 069/23 74 34 | Fax 23 28 94

WAS KOSTET WIE VIEL?

> KAFFEE	1,50–3 EURO	für einen Cappuccino
> IMBISS	AB 3 EURO	für ein belegtes *panino*
> WEIN	AB 3,50 EURO	für einen Viertelliter
> OLIVENÖL	AB 5 EURO	für 1 l *olio extravergine*
> BENZIN	UM 1,25 EURO	für 1 l Super bleifrei
> SEILBAHN	18 EURO	für die Hin- und Rückfahrt auf den Monte Baldo

– Kärntner Ring 4 | 1010 Wien | Tel. 01/505 16 39 | Fax 505 02 48

– Uraniastr. 32 | 8001 Zürich | Tel. 043/466 40 40 | Fax 466 40 41

– www.enit.de, www.enit.at, www.enit.ch

AUTO

Die Höchstgeschwindigkeit beträgt in Ortschaften 50, auf Landstraßen

90, auf Schnellstraßen 110 und auf Autobahnen 130 (auf einigen ausgeschilderten Abschnitten 150) km/h. Auf allen Straßen außerhalb geschlossener Ortschaften muss auch tagsüber mit Abblendlicht gefahren werden, für Motorrad- und Mopedfahrer gilt das überall. Die Promillegrenze liegt bei 0,5. In jedem Auto muss für jeden Insassen eine Warnweste mitgeführt werden, und zwar im Fahrgastraum, nicht im Kofferraum. In den Orten gibt es fast nur bezahlte Parkplätze, und die Polizei verteilt rigoros Strafzettel. Fast alle Tankstellen sind – außer an der Autobahn – in der Mittagszeit und sonntags geschlossen. Pannendienst: *Tel. 80 31 16* (gebührenfrei).

BUSSE

Man kann es gar nicht oft genug sagen: Lassen Sie Ihr Auto auf dem Hotelparkplatz, und benutzen Sie öffentliche Verkehrsmittel! Die Straßen rund um den See sind ohnehin chronisch verstopft. Die Busfahrt von Riva nach Limone kostet keine 2 Euro, eine Stunde Parken in Limone 1 Euro. In allen Fremdenverkehrsämtern gibt es die Busfahrpläne, und die Busse fahren ziemlich pünktlich, sofern der Verkehr es zulässt. Fahrscheine *(biglietti)* müssen vor Fahrtantritt gelöst werden, in den größeren Orten an der zentralen Fahrkartenstelle am Busbahnhof, ansonsten in Tabakläden. Man kann auch im Bus lösen, zahlt dann aber fast das Doppelte.

CAMPING

Nicht alle Ufer des Gardasees eignen sich gleich gut für Campinganlagen; im Norden ist wegen der steilen Felswände zu wenig Platz. Die meisten Campingplätze finden sich im Süden, in der Valtenesi zwischen Desenzano und Salò. Die meisten bieten einen guten Standard. Die Kosten liegen etwa bei 13 Euro für einen Standplatz, 8 Euro für Erwachsene und 6 Euro für Kinder pro Tag. Andere sind in den Ortsteilen vermerkt.

DIPLOMATISCHE VERTRETUNGEN

DEUTSCHES KONSULAT

Via Solferino 40 | Mailand | Tel. 026 23 11 01

ÖSTERREICHISCHES KONSULAT

Piazza del Liberty 8/4 | Mailand | Tel. 02 78 37 43

KONSULAT DER SCHWEIZ

Via Palestro 2 | Mailand | Tel. 027 77 91 61

EINREISE

Der Personalausweis reicht aus, über Österreich wie über die Schweiz kommt man dank Schengener Abkommen ohne Grenzkontrolle nach Italien.

EINTRITTSPREISE

Junge und alte Menschen (bis 12 und ab 60 Jahren) haben in vielen Museen freien Eintritt. Kleinere Einrichtungen sind nicht teuer, aber in den Highlights wie dem Vittorialeund dem Giardino Botanico in Gardone, der Cascata del Varone in Riva und den Grotten des Catull in Sirmione zahlen Sie zwischen 5 und 12 Euro.

Sparen kann man mit der *Promotion Card.* Damit bekommen Sie Rabatte in Museen und Freizeitparks, etwa im Vittoriale, Parco Natura Viva, in der Arena von Verona, im Botanischen Garten Hruska, Gardaland und Caneva-World, außerdem gibt es Vergünstigungen für die Schiffsfahrten und für die Seilbahn von Malcesine. Erhältlich ist sie in Hotels.

FÄHREN

Die Autofähren Maderno–Torri del Benaco (tagsüber etwa stündlich) und Limone–Malcesine (achtmal pro Tag) ersparen die Fahrt um den halben See. Außerdem gibt es in der Hauptsaison eine Autofähre Riva–Desenzano und zurück, mit wenigen Stopps. Passagierschiffe zwischen Desenzano und Riva steuern fast alle Orte an. Im Hochsommer werden abendliche Kreuzfahrten veranstaltet. Fahrpläne bekommen Sie bei den Fremdenverkehrsämtern und an den Anlegestellen; dort gibt es auch die Tickets, die vor Fahrtantritt gelöst werden müssen. *www.navigazionelaghi.it*

GELD & KREDITKARTEN

Geldautomaten sind überall vorhanden, die gängigen Kreditkarten werden an Tankstellen, in fast allen Hotels, den meisten Restaurants sowie in vielen Geschäften akzeptiert.

GESUNDHEIT

Die unkomplizierteste Methode: Im Krankheitsfall bezahlt man Arzt und Medikamente vor Ort und legt die Rechnung zu Hause der Krankenkasse zur meist problemlosen Erstattung vor. Auch die European Health Insurance Card (EHIC) wird akzeptiert. Wer auf Nummer sicher gehen will, schließt eine Auslandskrankenversicherung ab.

INTERNET

WWW.RIVIERADEILIMONI.IT
Informative Website mit Angaben über die Orte am Westufer, von Limone bis Salò.

WWW.LAGODIGARDA.IT
Schwerpunkt auf Übernachtungsmöglichkeiten, Onlinebuchung möglich.

WWW.ENIT.DE (WWW.ENIT.AT/ WWW.ENIT.CH)
Die offizielle Website des Italienischen Fremdenverkehrsamts ist für den Gardasee etwas umständlich, da nach Regionen sortiert; man muss sich die Informationen also bei Veneto, Lombardia und Trentino-Alto Adige zusammensuchen.

WWW.GARDATRENTINO.IT
Ausführliche Website für das Trentino (Riva, Torbole, Nago, Arco).

WWW.GARDASEE.DE
Gut strukturierte Seite, viele Veranstaltungshinweise. Ausführlich sind auch die Shoppingtipps sowie die Informationen zu diversen Sportarten.

WWW.PROVINCIA.BZ.IT/WETTER/ GARDASEE.HTM
Aktuelle und genaue Wettervorhersage für den ganzen See, von der Provinz Bozen ins Netz gestellt.

WWW.GARDARIVIERA.COM
Website zum Südufer: Desenzano, Sirmione und südwestliches Hinterland.

WWW.GARDAPASS.COM
Hotelbuchungswebsite für das venetische Ostufer.

WWW.SPORT-GARDASEE.DE
Informative und gut strukturierte Site zu allen Sportarten am See, mit Verleih- und Veranstalteradressen.

INTERNETCAFÉS & WLAN

Die Fluktuation bei den Webcafés ist hoch, aber es gibt keine Schwierigkeiten, in größeren Orten ein Internetcafé zu finden. WLAN (italienisch: *wi-fi*) findet man am ehesten in großen Hotels, auf einigen Autobahnraststätten (lange vorher mit dem Zeichen *wi-fi* angekündigt) und an Flughäfen. Detaillierte Infos liefern Hotspotfinder wie *www.hotspot-locations.de*, *www.wi-fihotspotlist.com* oder *http://ipass.jiwire.com*.

KLIMA & REISEZEIT

Am Gardasee ist immer Saison. Im Winter sind zwar nur wenige Hotels geöffnet, dafür entfaltet besonders das Westufer gerade dann seinen Jahrhundertwendecharme. Im Frühjahr lädt das milde Klima zum Wandern ein, erste Surfer wagen sich aufs Wasser. Im Sommer kann es heiß werden, außerdem kommen dann zu den Ausländern noch Italiener in Scharen. Der Herbst ist oft traumhaft schön mit toller Fernsicht von den Bergen.

MIETWAGEN

In vielen Orten am See gibt es Leihwagenfirmen *(autonoleggio)*, internationale Firmen sind ebenso vertreten wie lokale Anbieter. In der Hauptsaison empfiehlt es sich, im Voraus einen Wagen zu reservieren, etwa bei *Sunny-Cars (Tel.in Deutschland 089/829 93 39 00 | www.sunnycars.de)* mit einer Anmietstation in Desenzano.

NOTRUF

Allgemeiner Notruf *Tel. 112*, zusätzlich: Polizei *Tel. 113*, Feuerwehr *Tel. 115*, Waldbrandmeldung *Tel. 15 15*

WETTER IN RIVA

	Jan.	Feb.	März	April	Mai	Juni	Juli	Aug.	Sept.	Okt.	Nov.	Dez.
Tagestemperaturen in °C	5	7	12	17	20	24	27	26	22	16	11	15
Nachttemperaturen in °C	1	1	4	9	13	17	19	18	15	10	5	2
Sonnenschein Std./Tag	3	4	5	5	6	7	8	7	6	6	3	3
Niederschlag Tage/Monat	5	5	7	9	11	10	8	8	7	8	8	6
Wassertemperaturen in °C	8	6	8	10	13	18	20	21	19	16	12	10

PRAKTISCHE HINWEISE

ÖFFNUNGSZEITEN

Die in Italien nicht einheitlich geregelten Öffnungszeiten der Geschäfte sind meist Mo bis Sa 9 bis 12.30 und 15.30 bis 19.30 Uhr, größere Supermärkte auch durchgehend ohne Mittagspause. In vielen Orten haben die Läden in den Fußgängerzonen abends bis 22 Uhr geöffnet. Die meisten Lebensmittelläden sind auch am Sonntagvormittag geöffnet.

POST

Postämter sind Mo bis Fr von 8.15 bis 13.30 und Sa bis 12 Uhr geöffnet. Briefmarken *(francobolli)* gibt es bei der Post oder in Tabakläden *(tabacchi),* aber nur selten dort, wo man Postkarten kaufen kann.

PREISE

Wer seinen Cappuccino mit Seeblick genießen möchte, wird dafür mehr bezahlen, also gerne mal 2,50 oder 3 Euro anstatt der üblichen 1,50. Ein Aperitif kostet ab 2,50 Euro aufwärts. Wer mehr als eine Pizza (etwa 6,50 Euro) möchte, also richtig italienisch bestellt: *antipasti,* Pasta, Hauptspeise, Wein und Dessert, muss zu zweit mit mindestens 60 Euro rechnen. Und unter 60 Euro wird man auch selten ein Doppelzimmer finden.

TELEFON & HANDY

Die Vorwahl nach Italien ist 0039. Die Null am Beginn jeder Festnetznummer muss mitgewählt werden, sowohl vom Ausland aus als auch bei Ortsgesprächen. Mobilfunknummern (oft 338 oder 339) werden immer ohne Null gewählt. Vorwahl von Italien nach Deutschland 0049, nach Österreich 0043, in die Schweiz 0041. Telefonkarten gibt es in den *tabacchi*-Läden.

Die meisten deutschen Handys funktionieren problemlos in Italien. Beim Roaming spart, wer das günstigste Netz wählt. Mit einer italienischen Prepaidkarte (an Kiosken oder in Telefonläden) entfallen die Gebühren für eingehende Anrufe. Verbreitet ist TIM *(www.tim.it).* Es funktioniert unkompliziert und lohnt sich vor allem, wenn man länger oder mehrmals im Jahr nach Italien reist. Immer günstig sind SMS. Hohe Kosten verursacht die Mailbox – noch im Heimatland abschalten!

TRINKGELD

Fünf bis zehn Prozent sind üblich, wenn Sie mit dem Service zufrieden waren. In Restaurants und Bars lässt man sich zuerst das Wechselgeld herausgeben und legt das Trinkgeld dann auf das Tellerchen mit der Rechnung.

ZEITUNGEN

Deutsche Tageszeitungen und Magazine sind in vielen Kiosken bereits am selben Tag erhältlich. Die deutschsprachige „Gardasee-Zeitung" *(www.gardaseezeitung.it)* erscheint monatlich (im Hochsommer zweiwöchentlich) und liegt gratis in den Zeitungskiosken und bei den Fremdenverkehrsämtern aus. Sie enthält u. a. Veranstaltungstermine sowie Schiffs- und Busfahrpläne.

ZOLL

Waren für den persönlichen Bedarf sind in der EU zollfrei, u. a. 90 l Wein, 10 l Spirituosen, 800 Zigaretten. Für Schweizer gelten geringere Freimengen.

> PARLI ITALIANO?

„Sprichst du Italienisch?" Dieser Sprachführer hilft Ihnen, die wichtigsten Wörter und Sätze auf Italienisch zu sagen

Aussprache

Zur Erleichterung der Aussprache:

c, cc	vor „e, i" wie deutsches „tsch" in deutsch, Bsp.: die**c**i, sonst wie „k"
ch, cch	wie deutsches „k", Bsp.: pa**cchi**, **ch**e
ci, ce	wie deutsches „tsch", Bsp.: **ci**ao, **ci**occolata
g, gg	vor „e, i" wie deutsches „dsch" in Dschungel, Bsp.: **g**ente
gl	ungefähr wie in „Familie", Bsp.: fi**gl**io
gn	wie in „Kognak", Bsp.: ba**gn**o
sc	vor „e, i" wie deutsches „sch", Bsp.: u**sc**ita
sch	wie in „Skala", Bsp.: I**sch**ia
sci	vor „a, o, u" wie deutsches „sch", Bsp.: la**sci**are
z	immer stimmhaft wie „ds"

Ein Akzent steht im Italienischen nur, wenn die letzte Silbe betont wird. In den übrigen Fällen haben wir die Betonung durch einen Punkt unter dem betonten Vokal angegeben.

AUF EINEN BLICK

Ja./Nein./Vielleicht.	Sì./No./Fọrse.
Bitte./Danke./Vielen Dank!	Per favọre./Grạzie./Tạnte grạzie.
Gern geschehen.	Non c'è di che!
Entschuldigen Sie!	Scụsi!
Wie bitte?	Prẹgo?/Cọme, scụsi?/Cọme dịce?
Ich verstehe Sie/dich nicht.	Non La/ti capịsco.
Ich spreche nur wenig …	Pạrlo sọlo un po'di …
Können Sie mir bitte helfen?	Mi può aiutạre, per favọre?
Ich möchte …	Vorrẹi …
Das gefällt mir (nicht).	(Non) mi piạce.
Haben Sie …?	Ha …?
Wie viel kostet es?	Quạnto cọsta?
Wie viel Uhr ist es?	Che ọre sọno?/Che ọra è?

KENNENLERNEN

Guten Morgen!/Tag!	Buon giọrno!
Guten Abend!	Buọna sẹra!
Gute Nacht!	Buọna nọtte!
Hallo!/Grüß dich!	Ciạo!
Wie geht es Ihnen/dir?	Cọme sta?/Cọme stai?
Danke. Und Ihnen/dir?	Bẹne, grạzie. E Lei/tu?

SPRACHFÜHRER ITALIENISCH

Auf Wiedersehen!	Arrivedẹrci!
Tschüss!	Cịao!
Bis bald!	A prẹsto!
Bis morgen!	A domạni!

UNTERWEGS

AUSKUNFT

links/rechtes	a sinịstra/a dẹstra
geradeaus	dirịtto
nah/weit	vicịno/lontạno
Wie weit ist das?	Quạnti chilọmetri sọno?
Ich möchte … mieten.	Vorrẹi noleggiạre …
… ein Auto …	… ụna mạcchina.
… ein Fahrrad …	… ụna biciclẹtta.
… ein Boot …	… ụna bạrca.
Bitte, wo ist …	Scụsi, dov'è …
… der (Haupt-)Bahnhof?	… la staziọne (centrạle)?
… der Hafen?	… il pọrto?
… die Haltestelle?	… la fermạta?
… der Anleger?	… l'imbarcadẹro?

PANNE

Ich habe eine Panne.	Ho un guạsto.
Würden Sie mir einen Abschleppwagen schicken?	Mi potrẹbbe mandạre un cạrro-attrẹzzi?
Gibt es hier in der Nähe eine Werkstatt?	Scụsi, c'è un'officịna qui vicịno?

TANKSTELLE

Wo ist bitte die nächste Tankstelle?	Dov'è la prọssima staziọne di servịzio, per favọre?
Ich möchte … Liter …	Vorrẹi … lịtri di …
… Super./… Diesel.	… sụper./… gasọlio.
… Bleifrei/… Verbleit.	… sẹnza piọmbo (vẹrde)/ … con piọmbo.
Voll tanken, bitte.	Il pięno, per favọre.

UNFALL

Hilfe!	Aiụto!
Achtung!/Vorsicht!	Attenziọne!

Rufen Sie bitte schnell …	Chiạmi sụbito …
… einen Krankenwagen.	… un'autoambulạnza.
… die Polizei.	… la polizịa.
… die Feuerwehr.	… i vịgili del fuọco.
Haben Sie Verbandszeug?	Ha materiạle di prọnto soccọrso?
Es war meine Schuld.	È stạta cọlpa mịa.
Es war Ihre Schuld.	È stạta cọlpa Sụa.
Geben Sie mir bitte Ihren Namen und Ihre Anschrift!	Mi dịa il Sụo nọme e indirịzzo, per favọre!

ESSEN & TRINKEN/UNTERHALTUNG

Wo gibt es hier …	Scụsi, mi potrẹbbe indicạre …
… ein gutes Restaurant?	… un buọn ristorạnte?
… ein typisches Restaurant?	… un locạle tịpico?
Gibt es in der Nähe eine Eisdiele?	C'è ụna gelaterịa qui vicịno?
Reservieren Sie uns bitte für heute Abend einen Tisch für vier Personen.	Può riservạrci per stasẹra un tạvolo per quạttro persọne?
Auf Ihr Wohl!	(Ạlla Sụa) salụte!
Bezahlen, bitte.	Il cọnto, per favọre.
Hat es geschmeckt?	Andạva bẹne?
Haben Sie einen Veranstaltungskalender?	Ha un progrạmma dẹlle manifestaziọni?

EINKAUFEN

Wo finde ich …	Dọve pọsso trovạre …
… eine Apotheke?	… ụna farmacịa?
… eine Bäckerei?	… un panifịcio?
… ein Fotogeschäft?	… un negọzio di artịcoli fotogrạfici?
… ein Lebensmittelgeschäft?	… un negọzio di gẹneri alimentạri?
… den Markt?	… il mercạto?
… einen Supermarkt?	… un supermercạto?
… einen Tabakladen?	… un tabaccạio?
… einen Zeitungshändler?	… un giornalạio?

ÜBERNACHTEN

Können Sie mir bitte … empfehlen?	Scụsi, potrẹbbe consigliạrmi …
… ein Hotel …	… un albẹrgo?
… eine Pension …	… ụna pensiọne?
Ich habe bei Ihnen ein Zimmer reserviert.	Ho prenotạto ụna cạmera.

Haben Sie noch …	È lịbera …
… ein Einzelzimmer?	… ụna sịngola?
… ein Zweibettzimmer?	… ụna dọppia?
… mit Dusche/Bad?	… con dọccia/bạgno?
… für eine Nacht?	… per ụna nọtte?
… für eine Woche?	… per ụna settimạna?
… mit Blick auf den See?	… con vịsta sul lạgo?
Was kostet das Zimmer …	Quạnto cọsta la cạmera …
… mit Frühstück?	… con la prịma colaziọne?
… mit Halbpension?	… a mẹzza pensiọne?

PRAKTISCHE INFORMATIONEN

ARZT

Können Sie mir einen guten Arzt empfehlen?	Mi può consigliạre un buọn mẹdico?
Ich habe Fieber/Kopfschmerzen/ Zahnschmerzen.	Ho la fẹbbre/mal di tẹsta/ mal di dẹnti.

POST

Was kostet …	Quạnto cọsta …
… ein Brief …	… ụna lẹttera …
… eine Postkarte …	… ụna cartolịna …
… nach Deutschland?	… per la Germạnia?

ZAHLEN

0	zẹro	19	diciannọve
1	ụno	20	vẹnti
2	dụe	21	ventụno
3	tre	30	trẹnta
4	quạttro	40	quarạnta
5	cịnque	50	cinquạnta
6	sei	60	sessạnta
7	sẹtte	70	settạnta
8	ọtto	80	ottạnta
9	nọve	90	novạnta
10	diẹci	100	cẹnto
11	ụndici	101	centoụno
12	dọdici	200	duecẹnto
13	trẹdici	1000	mịlle
14	quattọrdici	2000	duemịla
15	quịndici	10 000	diecimịla
16	sẹdici		
17	diciassẹtte	1/2	un mẹzzo
18	diciọtto	1/4	un quạrto

Hafen in Garda

> UNTERWEGS AM GARDASEE

Die Seiteneinteilung für den Reiseatlas finden Sie auf dem hinteren Umschlag dieses Reiseführers

REISE ATLAS

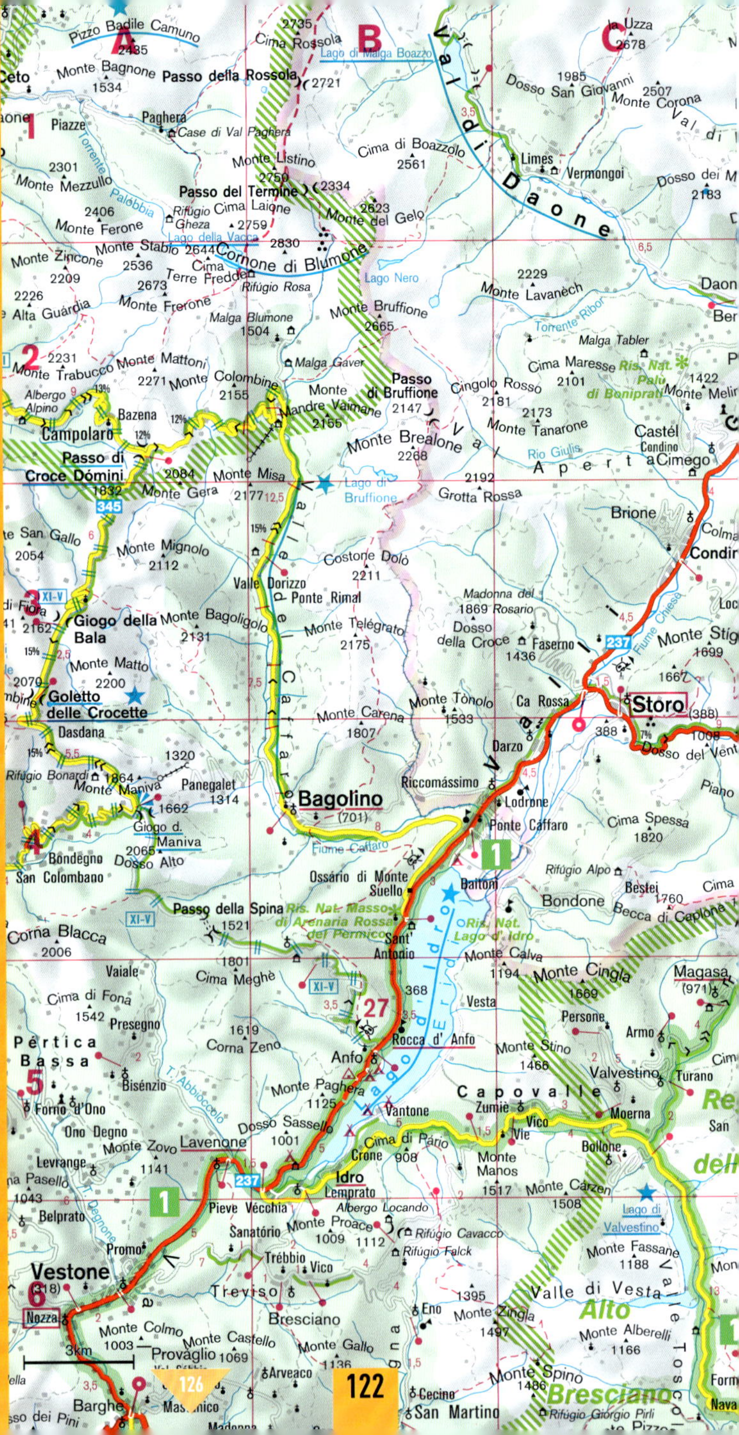
A
B
C
Pizzo Badile Camuno
2435
2735
Cima Rossola
Lago di Malga Boazzo
Val di Daone
la Uzza
2678
Ceto
Monte Bagnone
1534
Passo della Rossola
2721
Dosso San Giovanni
1985
2507
Monte Corona
Val di
1
Piazze
Paghera
Case di Val Paghera
Cima di Boazzolo
2561
Limes
Vermongoi
Dosso dei M
2183
2301
Monte Mezzullo
Torrente Palobbia
Monte Listino
2750
Passo del Termine
2334
2406
Monte Ferone
Rifugio Gheza
Cima Laione
2759
2623
Monte del Gelo
Lago della Vacca
Monte Zincone
2209
Monte Stabio
2536
2644
Cornone di Blumone
2830
Cima Terre Fredde
2673
Rifúgio Rosa
Lago Nero
2229
Monte Lavanèch
Daon
Ber
2226
Alta Guardia
Monte Frerone
Malga Blumone
1504
Monte Bruffione
2665
Torrente Ribor
Malga Tabler
2
2231
Monte Trabucco
Monte Mattoni
2271
Monte Colombine
2155
Malga Gaver
Passo di Bruffione
Monte
Mandre Vaimane
2155
2147
Cingolo Rosso
2181
Cima Maresse
2101
Ris. Nat. Palù di Boniprati
1422
Monte Melin
Albergo Alpino
13%
Bazena
12%
Campolaro
12%
Monte Brealone
2268
2173
Monte Tanarone
Val Aperta
Rio Giulis
Castél Condino
Cimego
Passo di Croce Dómini
1832
345
2084
Monte Gera
Monte Misa
2177
12,5
Valle del Caffaro
Lago di Bruffione
2192
Grotta Rossa
Brione
Colma
Condin
Monte San Gallo
2054
Monte Mignolo
2112
15%
Costone Dolo
2211
Valle Dorizzo
Ponte Rimal
3
XI-V
di Fiora
2162
Giogo della Bala
Monte Bagoligolo
2131
Monte Telégrato
2175
Madonna del Rosario
1869
Dosso della Croce
1436
Faserno
237
Fiume Chiesa
Monte Stíg
1699
Loc
15%
Monte Matto
2200
2070
Goletto delle Crocette
Dasdana
Monte Carena
1807
Monte Tònolo
1533
Ca Rossa
1667
Storo
(388)
388
7%
1008
Dosso del Vent
15%
5,5
Rifúgio Bonardi
1864
Monte Maniva
1320
Panegalet
1314
1662
Riccomássimo
Darzo
Lodrone
Piano
Bagolino
(701)
Ponte Caffaro
Cima Spessa
1820
4
Giogo d. Maniva
2065
Dosso Alto
Bondegno
San Colombano
Fiume Caffaro
Ossário di Monte Suello
Baitoni
1
Rifúgio Alpo
Bondone
Bestei
1760
Cima
Becca di Caplone
Passo della Spina
1521
XI-V
Ris. Nat. Massosi di Arenaria Rossa del Permico
Sant' Antonio
Ris. Nat. Lago d' Idro
Lago d'Idro
Eridio
Corna Blacca
2006
Vaiale
1801
Cima Meghè
Monte Calva
1194
Monte Cingla
1669
Magasa
(971)
XI-V
368
Vesta
Cima di Fona
1542
Presegno
27
Persone
Armo
Pertica Bassa
1619
Corna Zeno
Rocca d' Anfo
Monte Stino
1466
Valvestino
Turano
Cim
5
Bisénzio
T. Abbiòccolo
Anfo
Monte Paghera
1125
Vantone
Capovalle
Zumiè
Vico
Moerna
Re
San
Forno d'Ono
Ono Degno
Monte Zovo
1141
Dosso Sassello
1001
Lavenone
Cima di Pario
908
Crone
Vie
Bollone
Monte Manos
1517
dell
Levrange
Pasello
1043
Idro
Lemprato
Monte Carzen
1508
Lago di Valvestino
1
237
Pieve Vécchia
Albergo Locando
Belprato
T. Degnone
Sanatório
Monte Proace
1009
1112
Rifúgio Cavacco
Rifúgio Falck
Monte Fassane
1188
Mon
Promo
Trébbio
Vico
Vestone
(318)
6
Nozza
Treviso
Bresciano
Eno
1395
Monte Zingla
1497
Valle di Vesta
Alto
Valle Toscolano
Monte Alberelli
1166
3km
Monte Colmo
1003
Monte Castello
1069
Provaglio
Monte Gallo
1136
Monte Spino
1486
Bresciano
Form
Arveaco
Cecino
San Martino
Rifúgio Giorgio Pirli
Nava
Barghe
Mas...nico
Pini

126

D
E
F
1
2
3
4
Monte Lavetto
Monte Benna
2248
Breguzzo
Monte Pizza
1878
Bléggio Superiore
Santa Croce
Cavastro
Bono
Vigo
Ris. Nat. Fiavè
Fiavè
Dasindo
Stumiaga
237
Bondo
1981
Monte Solvia
Fávrio
Roncone
2022
Cima di Valle Carnera
Monte Stabiel
1838
Fontanedo
Monte Maima
1705
2127
Monte Altissimo
Cogorna
1866
Ris. Nat. Lomasona
1532
Val di Lomasone
421
Gaverdina
2047
Dosso Brullo
1778
Lardaro
Corno dei Giù
2052
2156
Dosso della Torta
Ballino
La Roda
2169
1803
Monte Misone
1413
Monte Bia
Praso
Agrone
Strada
Tofino
2153
Rifúgio Faggio
Corno di Pichea
2138
Lago di Tenno
Creto
Por
Pieve di Bono
Monte Cádria
2254
Palò
Rifúgio San Pietro
Padaro
Cologna
1927
Monte Nozzolo
Valle dei Concei
Rifúgio Pernici
Ville de Monte
Calvola
Rifúgio Grassi
Santa Croce
Vigne
Tenno
la Rocca
1473
Dosso di Seaoi
1799
Pranzo
Monte Vies
1698
Lenzumo
Cima Palone
1635
Monte dei Pini
1457
Varignano
Cologna
Frapporta
Cascata del Varone
Gavazzo
Campi
Cima Pari
1991
C o n c e i
Enguiso
45 bis
Varone
Riva del Garda
San Nazzaro
Tiarno di Sotto
Bezzecca
Locca
1429
Cima di Dalguén
Pieve di Ledro
Albola
(78)
San Giorgio
Tiarno di Sopra
33
V a l
Cima d' Oro
1801
(78)
Rifúgio Santa Barbara
2
Sant' Alessandro
Monte Brione
376
Brione
Cima Borei
1585
240
Mezzolago
Molina di Ledro
Ris. Nat. Lago d'Ampola
Laghetto d' Ampola
Lago di Ledro
655
Museo Palafitticolo
Nago-Tórbole
(85)
San Giovanni
Valle di Ampola
Rifúgio Ampola
Santa Croce
Cima Caset
1748
Legòs
Pre di Ledro
Biacesa di Ledro
11%
Cascata del Ponale
9%
1670
Col Pasovri
d i L e d r o
Cima al Bal
1263
Pregasina
240
Rifúgio Garibaldi
Cima Tiveign
1523
Ex Forte Ampola
Bragone del Sole
1554
Monte Tremalzo
1975
Rifúgio Garda
Monte Nota
384
Monte Carone
1621
Monte Guil
Pregásina
648
di Bragone
Monte Lavino
1837
Negritella
1746
Rifúgio Tremalzo
XI-V
Monte Traversole
1445
1322
Cima di Mughera
1163
Gardes
Cima del Fratone
1794
Cima del Selape
1533
17%
Gardesana Occidentale
Limone sul Garda
Monte Altissimo
Rifúgio Chiesa
Parco
Campione
Valle di San Michele
Monte Zenone
1425
Ris. Nat. Valle di Bondo
Ris. Nat. Gardesana Orientale
1976
Monte Caplone
San Michele
T r e m ó s i n e
Vésio
Navene
249
Cime del Costone
1738
Villa
Bocca di Navene
1425
Campagnola
Rifúgio Cima
Monte Púria
1475
Monte Casarole
1141
Voltino
Cádria
Sermério
Priezzo
Becca
la Colma
Pieve
Cima di Mughera
1343
Arias
Tratto Spino
1720
1790
Passo d' Erè
1131
Pregásio
Malcésine
(90)
Isola dell'Olivo
Baldo Val di Monte
Dosso Piemp
1207
Prabione
Campione del Garda
Monti
Ris. Nat. Lastoni
Madonne di Monte Castello
Ísola Sogno
Val di Sogno
XI-V
T i g n a l e
Gardola
Monte Penni
1073
Costa
Acr
Forbisicle
65
40
Cima delle Pozzette
2128
Madonna della Neve
Oldésio
Ísola Trimelone
Cassone
Mignone
Assenza
Rifúgio
Piovere
Sommavilla
Cima Valdritta
2218
Caval di Novezza
Monte Denervo
1459
Briano
49
Borago
Punta Manara
Magno
1045
1002
Porto di Brenzone
Castello di Brenzone
1670
1500
Monte Baldo
Rifúgio Novezzina
Muslone
10
Garda
Monte Maggiore
2199
Cima Paloni
1582
Lago di Garda
Magugnano
Marniga
Rifúgio Telégrafo
Rifúgio Novezza
45 bis
Sasso
Liano
San Faustino
Brenzone
Belluno Veronese
Gargnano
(98)
Villa
Castelletto di Brenzone
7,5
Rifúgio
Cambrigar
Brentino

128

A
B
C
1
2
3
4
5
6
3km
Monte Lavetto
Monte Benna
2248
Breguzzo
Bondo
237
Monte Pizza
1878
1981
Monte Sólvia
Bléggio Superiore
Santa Croce
Cavastro
Bono
Dasindo
Fiavè
Stumiaga
Ris. Nat. Fiavè
Bondone
Roncone
2022
Cima di Valle Carnera
2127
Monte Altíssimo
Monte Maima
1705
Monte Stablel
1838
Fontanedo
Morti
Cogorna
1866
421
Ris. Nat. Lomasona
1532
Dosso Brullo
1778
Lardaro
Gaverdina
2047
Corno dei Giù
2052
Ballino
2156
Dosso della Torta
Val di Lomasone
La Roda
2169
Tofino
2153
1803
Monte Misone
Praso
Daone
Agrone
Strada
Bersone
Por
Creto
Prezzo
Pieve di Bono
Cologna
Monte Cádria
2254
Rifúgio Faggio
Corno di Pichea
2138
Lago di Tenno
Rifúgio San Pietro
Padaro
Ville de Monte
Calvola
Santa Croce
Tenno
1927
Monte Nozzolo
Palò
Rifúgio Pernici
Rifúgio Grassi
Valle dei Concei
la Rocca
1473
Monte Vies
1698
Lenzumo
Dosso di Seaoi
1799
Pranzo
Varignano
Cologna
Frapporta
Cima Palone
1635
Monte dei Pini
1457
Concei
Campi
Cascata del Varone
Gavazzo
45 bis
Enguiso
Cima Pari
1991
Varone
Tiarno di Sotto
Bezzecca
Locca
Riva del Garda
San Nazzaro
Albola
1429
Cima di Dalguén
Tiarno di Sopra
33
Pieve di Ledro
Cima d' Oro
1801
(78)
Rifúgio Santa Barbara
2
Cima Borei
1585
Locanda
Ris. Nat. Lago d'Ampola
Laghetto d' Ampola
Val di Ledro
Lago di Ledro
655
240
Mezzolago
Molina di Ledro
Museo Palafitticolo
San Giovanni
Brione
Nago-Tórbole
(85)
Cima Caset
1748
Rifúgio Ampola
Santa Croce
Valle d' Ampola
Legòs
Pre di Ledro
Biacesa di Ledro
Cascata del Ponale
1670
Col Pasovri
Cima al Bal
1263
Pregasina
Pregásina
Ex Forte Ampola
Bragone del Sole
1554
Rifúgio Garibaldi
Monte Tremalzo
Cima Tiveign
1523
1975
Monte Carone
1621
Monte Guil
Monte Lavino
1648
Rifúgio Garda
1384
Monte Nota
1322
Cima di Mughera
1163
Rifúgio Tremalzo
XI-V
Monte Traversole
1445
1837
Negritella
1746
Cima del Selape
1533
Gardesana Occidentale
Cima del Fratone
1794
Limone sul Garda
Valle di San Michele
T. Campione
Monte Tombea
1946
Parco
1976
Monte Caplone
Monte Zenone
1425
Ris. Nat. Valle di Bondo
San Michele
Tremósine
Vésio
Villa
Lago di Garda
Navene
249
Cime del Costone
1738
Bocca di Navene
1425
Campagnola
Rifúgio Cima
Monte Púria
1475
Monte Casarole
1141
Voltino
Priezzo
Sermério
Cádria
Becca
la Colma
Cima Gusaur
Pieve
Tratto Spino
Cima di Mughera
1343
Arias
Malcésine
Baldo Val di Monte
1131
Passo d' Erè
Pregásio
(90)
Ísola dell'Olivo
Monti
Val di Sogno
Regionale
Dosso Piemp
1207
Prabione
Campione del Garda
Madonna di Monte Castello
Ísola Sogno
Tignale
Monte Penne
1073
Costa
Gardola
40
Cima delle Pozzette
2128
Acr
Forbisicle
65
Mignone
dell'
Oldésio
Ísola Trimelone
Cassone
Piovere
Assenza
Cima Valdritta
2218
Monte Denervo
1459
Sommavilla
Monte Magno
1045
1002
Briano
49
Borago
Punta Manara
1670
Monte Baldo
Porto di Brenzone
Castello di Brenzone
1500
Garda
Muslone
Monte Maggiore
2199
Cima Palon
1582
1
Sasso
Magugnano
Marniga
Rifúgio Telégrafo
Liano
128
Gargnano
(98)
Castello di Brenzone
Brenzone
Coal Santo
2074
Cambrigar

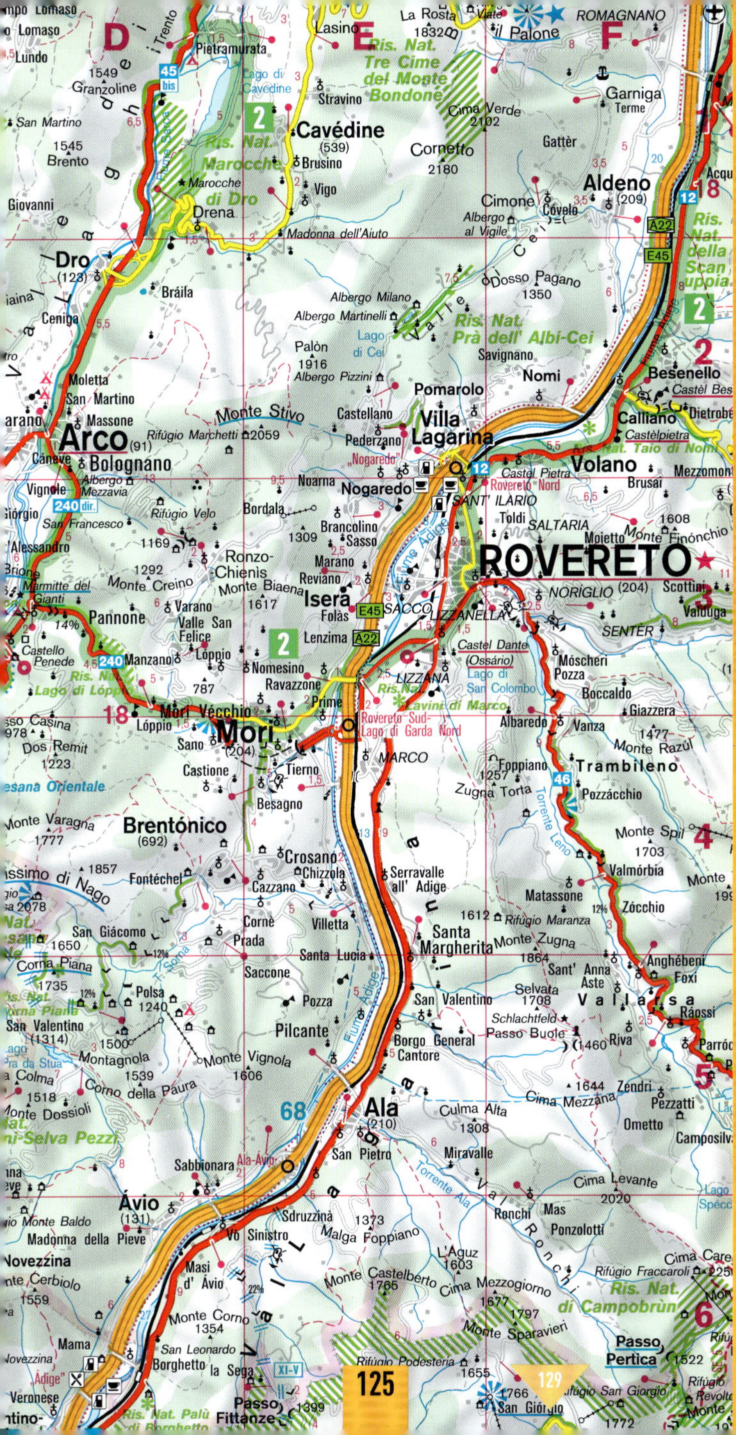

D
E
F
Lomaso
Lundo
Granzoline
Pietramurata
Lago di Cavedine
Lasino
La Rosta
1832
il Palone
ROMAGNANO
Ris. Nat. Tre Cime del Monte Bondone
Stravino
Cavédine
(539)
Brusino
Vigo
Cima Verde
2102
Cornetto
2180
Gattèr
Garniga Terme
Aldeno
(209)
Cimone
Covelo
Albergo al Vigile
San Martino
Brento
Ris. Nat. Marocche di Dro
Marocche
Drena
Giovanni
Madonna dell'Aiuto
Dro
(123)
Bráila
Ceniga
Albergo Milano
Albergo Martinelli
Lago di Cei
Ris. Nat. Prà dell' Albi-Cei
Dosso Pagano
1350
Savignano
Ris. Nat. della Scanuppia
Moletta
San Martino
Massone
Arco
(91)
Cáneve
Bolognano
Palòn
1916
Albergo Pizzini
Monte Stivo
Rifúgio Marchetti
2059
Castellano
Pederzano
Pomarolo
Villa Lagarina
Nomi
Besenello
Castèl Beseno
Calliano
Castèlpietra
Ris. Nat. Taio di Nomi
Volano
Castel Pietra
Rovereto Nord
Brusai
Mezzomonte
Vignole
Albergo Mezzavia
"Nogaredo"
Noarna
Nogaredo
SANT' ILARIO
Toldi
SALTARIA
Bordala
1309
Brancolino
Sasso
Moietto
Monte Finónchio
1608
San Francesco
Rifúgio Velo
1169
1292
Ronzo-Chienis
Marano
Reviano
ROVERETO
NORIGLIO
(204)
Scottini
Valduga
Monte Creino
Monte Biaena
1617
Isera
Folàs
SACCO
LIZZANELLA
SENTER
Marmitte del Giganti
Pannone
Varano
Valle San Felice
Lenzima
Castel Dante (Ossário)
Lago di San Colombo
Móscheri
Pozza
Castello Penede
Manzano
Lóppio
Nomesino
Ravazzone
LIZZANA
Boccaldo
Ris. Nat. Lago di Lóppio
787
Prime
Ris. Nat. Lavini di Marco
Albaredo
Vanza
Giazzera
1477
Monte Razúl
Casina
978
Lóppio
Mori Vecchio
Mori
(204)
Rovereto Sud-Lago di Garda Nord
Dos Remit
1223
Sano
Castione
Tierno
MARCO
Foppiano
1257
Zugna Torta
Trambileno
Pozzácchio
Besagno
Torrente Leno
Monte Varagna
1777
Brentónico
(692)
Crosano
Chizzola
Serravalle all' Adige
Monte Spil
1703
Valmórbia
1857
Fontéchel
Cazzano
Matassone
Zócchio
Monte
Corné
Villetta
1612
Rifúgio Maranza
Santa Margherita
Monte Zugna
San Giácomo
1650
Prada
Santa Lucia
1864
Anghébeni
Foxi
Corna Piana
1735
Ris. Nat. Corna Piana
Saccone
Sant' Anna
Aste
Polsa
1240
Pozza
San Valentino
Selvata
1708
Vallarsa
Ráossi
San Valentino
(1314)
1500
Pilcante
Schlachtfeld
Passo Buole
1460
Riva
Parrocchia
Montagnola
Monte Vignola
1606
Borgo General Cantore
1539
Colma
1518
Corno della Paura
1644
Zendri
Cima Mezzana
Pezzatti
Monte Dossioli
Ala
(210)
Culma Alta
1308
Ometto
Camposilvano
Ris. Nat. Selva Pezzi
San Pietro
Miravalle
Sabbionara
Ala-Avio
Torrente Ala
Val di Ronchi
Cima Levante
2020
Ávio
(131)
Monte Baldo
Sdruzzinà
1373
Ronchi
Mas
Ponzolotti
Madonna della Pieve
Vo Sinistro
Malga Foppiano
Novezzina
Cerbiolo
1559
Masi d' Ávio
L'Aguz
1603
Monte Castelberto
1765
Cima Mezzogiorno
1677
1797
Rifúgio Fraccaroli
Cima Carega
2259
Ris. Nat. di Campobrùn
Monte Corno
1354
Mama
Monte Sparavieri
Passo Pertica
1522
San Leonardo
Borghetto
la Sega
XI-V
Rifúgio Podesteria
1655
1766
San Giórgio
Rifúgio San Giorgio
1772
Veronese
"Adige"
Ris. Nat. Palù di Borghetto
Passo Fittanze
1399
129
Fiume Adige
Val Lagarina
Valle di Gresta
E45
A22
12
45 bis
240
240 dir.
46
68
18
2
3
4
5
6

A
B
C
1
122
Casto
Santa Anna
Malpaga
Santo Emiliano
Corno
Sonclivo
1351
Madonna della Neve
Monte Colmo
1003
Provaglio
Monte Castello
1069
Val Sabbia
Cedessano
Arveaco
Barghe
Mastánico
Punta Galevo
1166
Bione
Pieve
Dosso dei Pini
665
Monte Dossone
1340
Santella
Madonna della Neve
Ris. Sorgenti
Monte Prealba
1270
Preséglie
Piazza
San Faustino
Gazzane
Sotto
Castello
Pieve
Fontana
Sonico
Gazzolo
Piatucco
Lumezzane
(478)
Premiano
Montagnone
Sant'Andrea
Trébbio
Quintilago
Sábbio Chiese
(280)
Sábbio Sopra
Pavone
Móglia
Agnosine
Odolo
Renzana
Cereto
San Sebastiano
Sant'Apollonio
Binzago
Cagnático
Monte Palosso
1159
Monte Doppo
1217
Monte Corvino
715
Clíbbio
Monte Paradiso
958
Monte Conche
1157
Santuário di Conche
Recca di Bernacco
726
Monte Acuto
747
Prandáglio
Concésio
(218)
Caino
Sant'Eusébio
Vállio Terme
Oriolo
Sopranico
Selva Piana
840
Quarena
Berniga
Pieve di Concésio
Artignago
Monte Pesso
911
Villa
Monte Úcia
1168
Porle
Caschino
Fostaga
Bovezzo
(203)
Dosso
Cortine
Monteclana
27
Ris. Nat. Altopiano delle Cariadeghe
Sopraponte
Villanuova sul Clisi
(211)
Stocchetta
237
Nave
(236)
Monte Olivo
934
Casinette
Gavardo
(199)
San Biágio
Conicchio
Fontane
Muratello
1109
Mte. Dragoncello
Castello
(657)
Villa
Mompiano
Monte Salena
Ronco
Ris. Naturale Buco del Frate
Limone
Fiume Chiese
Bréscia
862
San Gallo
Monte Fratte
698
Serle
(496)
Magrena
Paitone
Muscoline
Morsone
(245)
Castello
San Gallo
Berana
Castrezzone
Monte Maddalena
874
Trinità
Mattina
(176)
Nuvolento
Polpenazze
Terzago
245
Duomo
Monte Cavallo
438
Sorzana
Prevalle
(186)
Calvagese della Riviera
Pinacoteca
Sera
Botticino
(171)
Nuvolera
(165)
Tosio Martinengo
Sant' Eufemia della Fonte
Caionvico
Cantrina
Mocasina
Carzago della Riviera
Volta
Rezzato
(144)
Monte Marguzzo
455
Mazzano
San Polo
Brescia Centro
Case
Virle
45 bis
(166)
Masciaga
Piazza
Macesina
Cogozzo
Treponti
Bedizzole
(190)
20
Molinetto
Buffalora
San Tomaso
Lazzaretto
Tezze
Pontenove
Monteroseo
Piffione
Bettole
San Giácomo
11
Campagnola
236
Ciliverghe
San Vito
Sedena
Béttola
Borgosatollo
(111)
Ponte San Marco
Brescia Est
10
Capodimonte
Castenédolo
(152)
Molini
Campo di Battaglia
Mácina
2008
Calcinatello
Santa Giustina
Campagna
Montirone
(100)
Calcinato
(164)
Prati
Fossa
Campagnolo
Vighizzolo
236
343
Chiarini
Fattoria Prandoni
Ro di Sopra
Montichiari
(96)
Ghedi
(84)
Villaggio Belvedere
Ro di Sotto
668
Scovola
Castiglione delle Stiviere
(116)
Campagna
Sera
Novagli
19
San Rocco
Fiume Chiese
Mattina
3km
Case Oriani
Malpaga
San Giórgio
Ponte Posso
Tezze

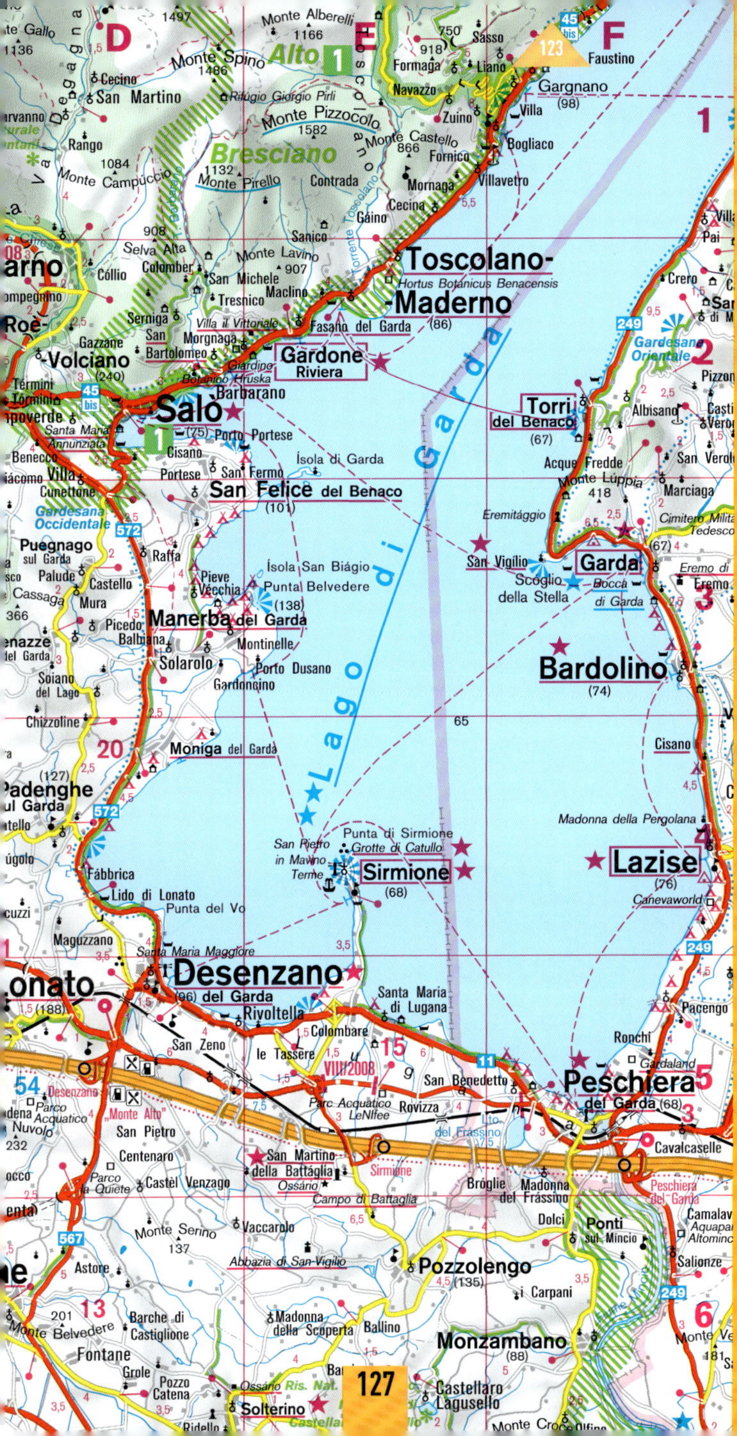

D
E
F
1
2
3
4
5
6
123
Alto
Bresciano
Monte Alberelli
1166
Monte Spino
1486
Rifúgio Giorgio Pirli
Monte Pizzocolo
1582
Monte Pirello
1132
Monte Campúccio
1084
Cecino
San Martino
Rango
Sasso
Liano
Formaga
Navazzo
Zuino
Monte Castello
866
Fornico
Mornaga
Cecina
Gáino
Contrada
Gargnano
(98)
Villa
Bogliaco
Villavetro
Faustino
Toscolano-
Hortus Botanicus Benacensis
-Maderno
(86)
Sanico
Monte Lavino
907
Selva Alta
Colomber
San Michele
Maclino
Tresnico
Cóllio
Serniga
San Bartolomeo
Morgnaga
Villa il Vittoriale
Fasano del Garda
Gardone
Riviera
Giardino Botanico Hruska
Barbarano
Gazzane
Volciano
(240)
Salò
(75)
Porto Portese
Cisano
Portese
San Fermo
Ísola di Garda
San Felice del Benaco
(101)
Santa Maria Annunziata
Gardesana Occidentale
Puegnago sul Garda
Paludè
Raffa
Castello
Mura
Pieve Vecchia
Ísola San Biágio
Punta Belvedere
(138)
Picedo
Balbiana
Manerba del Garda
Montinelle
Solarolo
Porto Dusano
Gardoncino
Soiano del Lago
Chizzoline
Moniga del Garda
Padenghe sul Garda
(127)
Fábbrica
Lido di Lonato
Punta del Vo
Maguzzano
Santa Maria Maggiore
Desenzano
(96) del Garda
Lonato
(188)
Rivoltella
Colombare
San Zeno
le Tassere
Desenzano
Parco Acquatico
„Monte Alto"
San Pietro
Centenaro
Parco la Quiete
Castèl Venzago
San Martino della Battáglia
Ossário
Campo di Battaglia
Sirmione
Monte Serino
137
Vaccarolo
Abbazia di San Vigilio
Astore
Monte Belvedere
201
Barche di Castiglione
Fontane
Grole
Pozzo Catena
Ossário
Ris. Nat.
Solterino
Ridello
Madonna della Scoperta
Ballino
Pozzolengo
(135)
Carpani
Monzambano
(88)
Castellaro Lagusello
Monte Croce
Lago di Garda
65
Punta di Sirmione
Grotte di Catullo
San Pietro in Mavino
Terme
Sirmione
(68)
Santa Maria di Lugana
San Benedetto
Rovizza
Parc Acquatico LeNIfee
Lto. del Frássino
Bróglie
Madonna del Frássino
Dolci
Ponti sul Míncio
Peschiera del Garda
(68)
Cavalcaselle
Ronchi
Gardaland
Pacengo
Canevaworld
Lazise
(76)
Madonna della Pergolana
Cisano
Bardolino
(74)
Garda
(67)
Bocca di Garda
Scóglio della Stella
San Vigílio
Eremitággio
Monte Lúppia
418
Acque Fredde
Marciaga
Cimitero Militare Tedesco
Eremo di Eremo
Torri del Benaco
(67)
Albisano
Gardesana Orientale
Crero
Pai
Camalavicina
Aquapark Altomincio
Salionze
Monte Vento
181
45 bis
572
249
11
567
54
VIII/2008

Lago di Garda
Alto Bresciano
Monte Alberelli
Monte Pizzocolo
1582
Monte Castello
866
Monte Pirello
1132
Monte Campuccio
1084
Rifúgio Giorgio Pirli
Sasso
Formaga
Liano
Navazzo
Zuino
Fornico
Mornaga
Cecina
Gàino
Contrada
Sanico
Monte Lavino
907
Maclino
Tresnico
San Michele
Colomber
Selva Alta
908
Cóllio
Serniga
San Bartolomeo
Morgnaga
Gazzane
Villa il Vittoriale
Fasano del Garda
Gardone Riviera
Giardino Botanico Hruska
Barbarano
Salò
(75)
Porto Portese
Cisano
Portese
San Fermo
Ísola di Garda
San Felice del Benaco
(101)
Raffa
Castello
Pieve Vécchia
Ísola San Biágio
Punta Belvedere
(138)
Manerba del Garda
Picedo
Balbiana
Solarolo
Montinelle
Porto Dusano
Gardoncino
Moniga del Garda
Fábbrica
Lido di Lonato
Punta del Vo
Santa Maria Maggiore
Desenzano del Garda
(96)
Rivoltella
Colombare
San Zeno
le Tassere
San Pietro in Mavino
Terme
Punta di Sirmione
Grotte di Catullo
Sirmione
(68)
Santa Maria di Lugana
San Benedetto
Parc Acquatico LeNÍfee
Rovizza
Lto. del Frássino
"Monte Alto"
San Pietro
Centenaro
San Martino della Battáglia
Ossário
Campo di Battáglia
Parco la Quiete
Castèl Venzago
Monte Serino
137
Vaccarolo
Abbazia di San Vigílio
Astore
Pozzolengo
(135)
Bróglie
Madonna del Frássino
Dolci
Ponti sul Míncio
i Carpani
Monzambano
(88)
Madonna della Scoperta
Ballino
Barche di Castiglione
Fontane
Grole
Pozzo Catena
Bande
Ossário
Ris. Nat. Complesso Morenico Castellaro Lagusello
Solferino
Ridello
Monte Croce
Olfino
Toscolano-Maderno
(86)
Hortus Botanicus Benacensis
Gargnano
(98)
Villa
Bogliaco
Villavetro
San Faustino
Castelletto di Brenzone
Villanova
Pai
Crero
Pora
Cà Montagna
San Zeno di Montagna
Gardesana Orientale
Pizzone
Torri del Benaco
(67)
Albisano
Castión Veronese
Pésina
Acque Fredde
Monte Lúppia
418
San Verolo
Marciaga
Eremitággio
Cimitero Militare Tedesco
San Vigílio
Scóglio della Stella
Garda
(67)
Rocca di Garda
Eremo di Rocca
Eremo
Albarè
Pértica
Incaffi
Bardolino
(74)
Cavaiòn Veronese
(190)
Cisano
Calmasino
Valesana
Madonna della Pergolana
Lazise
(76)
Canevaworld
Colà
Pacengo
Ronchi
Gardaland
Peschiera del Garda
(68)
Cavalcaselle
Peschiera del Garda
Camalavicina
Aquapark Altomincio
Salionze
Oliosi
Monte Vento
181
Santa Lucia
Parco Giardino Sigurtà
Monte
192
65
122
45 bis
249
572
450
11
E70

D
E
F
125
1
2
3
4
Magugnano
Marniga
Rifúgio Telégrafo
2199
1582
Rifúgio Novezzina
Mama
San Leonardo
Borghetto
Rifúgio
Coal Santo
2074
Rifúgio Cornetto
Belluno Veronese
Brentino-Belluno
Ris. Nat. Palù di Borghetto
Passo Fittanze
1399
Cambrigar
Mezzavilla
Ferrara di Monte Baldo
Senaga
Rifúgio Mondini
Castelletti
Ossenigo
Corno d'Aquiglio
1546
1543
Monte Cornetto
Parco Regionale d. Lessina
Prada
1661
Punta di Náole
Monte Corne
1017
Fraine di Sopra
Madonna di Corona
Coste
Peri
Vallene
Rivalta
Pradónego
Spiazzi
Fosse
Selvavecchia
Salzano
Brentino
Monte Corno
852
San Giovanni
Ronconi
Erbezzo
(1118)
Masselli
Sparavero
1152
Braga
Staffor
Fasani
Vilmezzano
Breónio
Sant' Anna d' Alfaedo
(939)
Gorgusello
Cona
Pazzón
(1106)
Rubiana
Gaon
Porcino
Monte Pastelletto
1031
Molina
Ceredo
Caprino Veronese
(254)
Lubiara
Forte Masua
Monte Masuà di Cerna
923
Vaggimai
Corso
Dolcè
(115)
Cerna
Monte Tesoro
921
Giare
Lunghezzano
Ceredello
Zuane
(237)
Manune
Canale
Monte Pastello
1123
Verago
704
Monte Noroni
788
Fane
Val Pantena
Bellori
Monumento a Napoleone
Ceraino
Monte Rumala
Cávalo
Prun
Monte Fiamone
708
Lugo
Corrúbio
Monte
Rívoli Veronese
San Rocco
Purano
Marano di Valpolicella
(335)
Torbe
Mazzano
Coda
Próle
Monte Solane
654
Mazzurega
Vigo
739
Rosaro
Monte
Alcenago
Affi-Lago di Garda Sud
13
Volargne
Prognol
Osan
Villa
Stallavena
San Giorgio
Gargagnago
Fumane
(198)
Valgatara
Monte Tondo
705
Fiume Adige
Riovalli
Sant' Ambrógio di Valpolicella
(174)
Negrar
(190)
Monte Sarte
587
Montecchio
Grezzana
(166)
Cuzzano
E45
A22
Sega
Ponton
Domegliara
San Pietro in Cariano (160)
San Floriano
San Peretto
San Vito
Santa Maria di Negràr
Piovezzano
Ospedaletto
Novare
le Sassine
322
MARZANA
Campo di Battaglia
Castelrotto
Negarine
Corrubbio
Monte Croson
344
Pastrengo
(192)
Arce
Arbizzano
QUINTO DI VALPANTENA
Parco Natura Viva
Pescantina
(80)
Séttimo
QUINZANO VERONESE
ÁVESA
Bussolengo
(127)
San Vito di Mantico
Corno
PARONA DI VALPOLICELLA
VERONA
Strada del Vino Bardolino
21
14
Palazzolo
Porcella
CHIEVO
San Giorgio in Bralda
Castelnuovo del Garda
Monte Gasa
192
San Zeno Maggiore
Duomo
Arche Scaligere
Piazza delle Erbe
CROCE BIANCA
BORGO MILANO
Castelvecchio
Arena
11
20
Sona
(169)
Lugagnano
SAN MÁSSIMO ALL' ADIGE
San Giórgio in Sálici
Verona Nord
Sommacampagna
Caselle
6
Erbe
BORGO
Monte Baldo
Verona Sud
Sommacampagna
(121)
Calzoni
Aeroporto di Verona-Villafranca
Caluri
153
Dossobuono
3km
Ossário
Monte Croce
Custoza
Ganfardine
62
Alpo
Ognissanti
Rizza
CA' DI DAVID
Ca' di Maci
Marchesino

KARTENLEGENDE

Autobahn · Gebührenpflichtige Anschlussstelle · Gebührenstelle · Anschlussstelle mit Nummer · Rasthaus mit Übernachtung · Raststätte · Kleinraststätte · Tankstelle · Parkplatz mit und ohne WC	Trento 11	Motorway · Toll junction · Toll station · Junction with number · Motel · Restaurant · Snackbar · Filling-station · Parking place with and without WC
Autobahn in Bau und geplant mit Datum der Verkehrsübergabe	Datum Date	Motorway under construction and projected with completion date
Zweibahnige Straße (4-spurig)		Dual carriageway (4 lanes)
Fernverkehrsstraße · Straßennummern	14 E45	Trunk road · Road numbers
Wichtige Hauptstraße		Important main road
Hauptstraße · Tunnel · Brücke		Main road · Tunnel · Bridge
Nebenstraßen		Minor roads
Fahrweg · Fußweg		Track · Footpath
Wanderweg (Auswahl)		Tourist footpath (selection)
Eisenbahn mit Fernverkehr		Main line railway
Zahnradbahn, Standseilbahn		Rack-railway, funicular
Kabinenschwebebahn · Sessellift		Aerial cableway · Chair-lift
Autofähre		Car ferry
Personenfähre		Passenger ferry
Schifffahrtslinie		Shipping route
Naturschutzgebiet · Sperrgebiet		Nature reserve · Prohibited area
Nationalpark, Naturpark · Wald		National park, natural park · Forest
Straße für Kfz. gesperrt		Road closed to motor vehicles
Straße mit Gebühr		Toll road
Straße mit Wintersperre	XII-II	Road closed in winter
Straße für Wohnanhänger gesperrt bzw. nicht empfehlenswert		Road closed or not recommended for caravans
Touristenstraße · Pass	Weinstraße 1510	Tourist route · Pass
Schöner Ausblick · Rundblick · Landschaftlich bes. schöne Strecke		Scenic view · Panoramic view · Route with beautiful scenery
Heilbad · Schwimmbad		Spa · Swimming pool
Jugendherberge · Campingplatz		Youth hostel · Camping site
Golfplatz · Sprungschanze		Golf-course · Ski jump
Kirche im Ort, freistehend · Kapelle		Church · Chapel
Kloster · Klosterruine		Monastery · Monastery ruin
Synagoge · Moschee		Synagogue · Mosque
Schloss, Burg · Schloss-, Burgruine		Palace, castle · Ruin
Turm · Funk-, Fernsehturm		Tower · Radio-, TV-tower
Leuchtturm · Kraftwerk		Lighthouse · Power station
Wasserfall · Schleuse		Waterfall · Lock
Bauwerk · Marktplatz, Areal		Important building · Market place, area
Ausgrabungs- u. Ruinenstätte · Bergwerk		Arch. excavation, ruins · Mine
Dolmen · Menhir · Nuraghen		Dolmen · Menhir · Nuraghe
Hünen-, Hügelgrab · Soldatenfriedhof		Cairn · Military cemetery
Hotel, Gasthaus, Berghütte · Höhle		Hotel, inn, refuge · Cave
Kultur		**Culture**
Malerisches Ortsbild · Ortshöhe	WIEN (171)	Picturesque town · Elevation
Eine Reise wert	★★ MILANO	Worth a journey
Lohnt einen Umweg	★ TEMPLIN	Worth a detour
Sehenswert	Andermatt	Worth seeing
Landschaft		**Landscape**
Eine Reise wert	★★ Las Cañadas	Worth a journey
Lohnt einen Umweg	★ Texel	Worth a detour
Sehenswert	Dikti	Worth seeing
Ausflüge & Touren		**Excursions & tours**

FÜR IHRE NÄCHSTE REISE

gibt es folgende MARCO POLO Titel:

DEUTSCHLAND
Allgäu
Amrum/Föhr
Bayerischer Wald
Berlin
Bodensee
Chiemgau/Berchtesgadener Land
Dresden/Sächsische Schweiz
Düsseldorf
Eifel
Erzgebirge/Vogtland
Franken
Frankfurt
Hamburg
Harz
Heidelberg
Köln
Lausitz/Spreewald/Zittauer Gebirge
Leipzig
Lüneburger Heide/Wendland
Mark Brandenburg
Mecklenburgische Seenplatte
Mosel
München
Nordseeküste Schleswig-Holstein
Oberbayern
Ostfriesische Inseln
Ostfriesland/Nordseeküste Niedersachsen/Helgoland
Ostseeküste Mecklenburg-Vorpommern
Ostseeküste Schleswig-Holstein
Pfalz
Potsdam
Rheingau/Wiesbaden
Rügen/Hiddensee/Stralsund
Ruhrgebiet
Schwäbische Alb
Schwarzwald
Stuttgart
Sylt
Thüringen
Usedom
Weimar

ÖSTERREICH | SCHWEIZ
Berner Oberland/Bern
Kärnten
Österreich
Salzburger Land
Schweiz
Tessin
Tirol
Wien
Zürich

FRANKREICH
Bretagne
Burgund
Côte d'Azur/Monaco
Elsass
Frankreich
Französische Atlantikküste
Korsika
Languedoc-Roussillon
Loire-Tal
Nizza/Antibes/Cannes/Monaco
Normandie
Paris
Provence

ITALIEN | MALTA
Apulien
Capri
Dolomiten
Elba/Toskanischer Archipel
Emilia-Romagna
Florenz
Gardasee
Golf von Neapel
Ischia
Italien
Italienische Adria
Italien Nord
Italien Süd
Kalabrien
Ligurien/Cinque Terre
Mailand/Lombardei
Malta/Gozo
Oberital. Seen
Piemont/Turin
Rom
Sardinien
Sizilien/Liparische Inseln
Südtirol
Toskana
Umbrien
Venedig
Venetien/Friaul

SPANIEN | PORTUGAL
Algarve
Andalusien
Barcelona
Baskenland/Bilbao
Costa Blanca
Costa Brava
Costa del Sol/Granada
Fuerteventura
Gran Canaria
Ibiza/Formentera
Jakobsweg/Spanien
La Gomera/El Hierro
Lanzarote
La Palma
Lissabon
Madeira
Madrid
Mallorca
Menorca
Portugal
Sevilla
Spanien
Teneriffa

NORDEUROPA
Bornholm
Dänemark
Finnland
Island
Kopenhagen
Norwegen
Schweden
Stockholm
Südschweden

WESTEUROPA | BENELUX
Amsterdam
Brüssel
Dublin
England
Flandern
Irland
Kanalinseln
London
Luxemburg
Niederlande
Niederländische Küste
Schottland
Südengland

OSTEUROPA
Baltikum
Budapest
Estland
Kaliningrader Gebiet
Lettland
Litauen/Kurische Nehrung
Masurische Seen
Moskau
Plattensee
Polen
Polnische Ostseeküste/Danzig
Prag
Riesengebirge
Russland
Slowakei
St. Petersburg
Tallinn
Tschechien
Ungarn
Warschau

SÜDOSTEUROPA
Bulgarien
Bulgarische Schwarzmeerküste
Kroatische Küste/Dalmatien
Kroatische Küste/Istrien/Kvarner
Montenegro
Rumänien
Slowenien

GRIECHENLAND | TÜRKEI | ZYPERN
Athen
Chalkidiki
Griechenland Festland
Griechische Inseln/Ägäis
Istanbul
Korfu
Kos
Kreta
Peloponnes
Rhodos
Samos
Santorin
Türkei
Türkische Südküste
Türkische Westküste
Zakinthos
Zypern

NORDAMERIKA
Alaska
Chicago und die Großen Seen
Florida
Hawaii
Kalifornien
Kanada
Kanada Ost
Kanada West
Las Vegas
Los Angeles
New York
San Francisco
USA
USA Neuengland/Long Island
USA Ost
USA Südstaaten/New Orleans
USA Südwest
USA West
Washington D.C.

MITTEL- UND SÜDAMERIKA
Argentinien
Brasilien
Chile
Costa Rica
Dominikanische Republik
Jamaika
Karibik/Große Antillen
Karibik/Kleine Antillen
Kuba
Mexiko
Peru/Bolivien
Venezuela
Yucatán

AFRIKA | VORDERER ORIENT
Ägypten
Djerba/Südtunesien
Dubai/Vereinigte Arabische Emirate
Israel
Jerusalem
Jordanien
Kapstadt/Wine Lands/Garden Route
Kapverdische Inseln
Kenia
Marokko
Namibia
Qatar/Bahrain/Kuwait
Rotes Meer/Sinai
Südafrika
Tunesien

ASIEN
Bali/Lombok
Bangkok
China
Hongkong/Macau
Indien
Indien/Der Süden
Japan
Ko Samui/Ko Phangan
Malaysia
Nepal
Peking
Philippinen
Phuket
Rajasthan
Shanghai
Singapur
Sri Lanka
Thailand
Tokio
Vietnam

INDISCHER OZEAN | PAZIFIK
Australien
Malediven
Mauritius
Neuseeland
Seychellen
Südsee

REGISTER

Im Register sind alle in diesem Reiseführer erwähnten Orte, Strände und Ausflugsziele verzeichnet. Halbfette Seitenzahlen verweisen auf den Haupteintrag.

> SCHREIBEN SIE UNS

Liebe Leserin, lieber Leser,

wir setzen alles daran, Ihnen möglichst aktuelle Informationen mit auf die Reise zu geben. Dennoch schleichen sich manchmal Fehler ein – trotz gründlicher Recherche unserer Autoren/innen. Sie haben sicherlich Verständnis, dass der Verlag dafür keine Haftung übernehmen kann.

Wir freuen uns aber, wenn Sie uns schreiben.

Senden Sie Ihre Post an die MARCO POLO Redaktion, MAIRDUMONT, Postfach 3151, 73751 Ostfildern, info@marcopolo.de

IMPRESSUM

Titelbild: Hafen in Lazise (alamy images: Cook)
Fotos: alamy images: Cook (1); Color Hotel: Romano Corsini (14 o.); Cooperativa Il Gaviale, Drodesera (13 u.); Simon Critchell (15 u.); W. Dieterich (28/29, 77, 88/89); ©fotolia.com: Ivan Floriani (101 u. r.), rcaucino (14 M.); Stefan Fuhrmann (12 o.); Grand Hotel Fasano s. r. l.: Andrea Toreggiani (14 u.); HB Verlag: Bernhart (19 o., 22, 27, 81), Krewitt (22/23); J. Hellmuth (4 r., 105); Huber: Friedel (106/107), Huber (84, 94/95), Olimpio (54/55), Potschka (11); ©iStockphoto.com: andyross (101 M. r.), egdigital (100 M. l.), Laura Flugga (100 u. r.), frankysze (100 M. r.), Rolando Paolo Guerzoni (100 o. l.), hofland (101 o. l.); Laif: Clentano (87), Heidorn (102/103); Mauritius: Lange (6/7); Meridiana Immagini: Andrea Samaritani (12 u.);Ristorante Malcesine (101 M. l.); B. Schaefer (134); Schapowalow: Borstell (26), Picker (56); O. Stadler (U. M., U. r., 2 l., 2 r., 3 M., 4 l., 32, 35, 40, 50, 67, 70, 78/79, 80, 82, 96, 120/121); T. Stankiewicz (U. l., 8/9, 16/17, 18/19, 24/25, 28, 29, 30/31, 36, 38, 41, 42/43, 47, 48/49, 52, 58/59, 64, 68/69, 74/75, 91, 93); M. Thomas (3 l., 3 r., 5, 21, 23, 44, 60, 63, 72, 99, 108); Villa Fiordaliso: Marino Colato (13 o.); Wind's Bar: Marco Cattoi (15 o.)

7. (15.), aktualisierte Auflage 2010

Chefredaktion: Michaela Lienemann, Marion Zorn
Autorin: Barbara Schaefer; Redaktion: Nikolai Michaelis
Programmbetreuung: Silwen Randebrock; Bildredaktion: Gabriele Forst
Szene/24h: wunder media, München
Kartografie Reiseatlas: © MAIRDUMONT, D-73751 Ostfildern
Innengestaltung: Zum goldenen Hirschen, Hamburg; Titel/S. 1–3: Factor Product, München
Sprachführer: in Zusammenarbeit mit Ernst Klett Sprachen GmbH, Stuttgart, Redaktion PONS Wörterbücher

Printed in Germany. Gedruckt auf 100% chlorfrei gebleichtem Papier

> UNSERE AUTORIN

MARCO POLO Insiderin Barbara Schaefer im Interview

Barbara Schaefer studierte nach der Redakteursausbildung Theaterwissenschaft und Germanistik in München, Bologna und Perugia.

Sie kennen den Gardasee gut?

Seit Jahrzehnten, da ich schon als Kind mit meinen Eltern an den See gefahren bin und auch später als Studentin in München. Mit einem Stipendium habe ich während meines Studiums einige Wintermonate in Gardone gelebt. Und seit dieser Zeit fahre ich fast jedes Jahr einmal hin.

Wie verbringen Sie dort Ihre Zeit?

Am liebsten fahre ich gemächlich, in einer guten Woche, einmal um den See herum. Lasse die verschiedenen Orte, den unterschiedlichen Charakter von Ostufer und Westufer auf mich wirken.

Sprechen Sie Italienisch?

Ja, fließend. Ich habe es bei mehreren Sprachaufenthalten gelernt, so etwa bei einem Stipendium an der Ausländeruniversität in Perugia. Richtig sprechen gelernt habe ich dann durch viele Reisen nach Italien.

Was reizt Sie am Gardasee?

Die Vielseitigkeit der Landschaft ist ein Punkt. Im Norden ragt er ins Gebirge hinein, dort kann man klettern, wandern, fühlt sich noch richtig wie in den Alpen. Im Süden hingegen ist alles mediterraner, das spiegelt sich auch in der Speisekarte wider.

Mögen Sie die Küche des Sees?

Ausgesprochen gerne! Seien es *strangolapreti,* kleine Spinatgnocchi aus dem Trentiner Teil, dem Norden der Region, oder gegrillte Fische, die man im Süden, im Veneto, isst. Und dazu gibt es dann ja immer den passenden regionalen Wein, ein Genuss!

Und was mögen Sie nicht so?

Die überfüllten Wochenenden oder gar den August, wenn es auf den Straßen so eng wird wie an den kleinen Stränden. Samstagvormittage in der Nähe von Gardaland sind ein absoluter Verkehrswahnsinn.

Was machen Sie beruflich?

Ich arbeite als freie Autorin, schreibe Reportagen, Reisegeschichten, Reiseführer, Reisebücher, nicht nur über den Gardasee und Italien, sondern über alle möglichen Ecken der Welt.

Haben Sie den See auch mal satt?

Ehrlich gesagt kann ich mir das nicht vorstellen. Viele glauben ja, der See sei zu bekannt, alles entdeckt und immer überlaufen. Aber das stimmt nicht, mir macht es immer wieder Spaß, Ecken aufzuspüren, die neu sind.